每天学点说话技巧

国荣◎编著

中国纺织出版社

内 容 提 要

会聊天已成为现代人必不可少的交际手段之一，会聊天就会运气通、人气畅、财气旺，会聊天就会使人在社交场合中脱颖而出、左右逢源、如鱼得水，赢得事业成功。

本书从“会聊天”的各个方面逐一阐述，通过生动化的案例，精准理论剖析，有助于提升读者朋友自身的语言表达能力，让读者朋友成为一个会聊天的人生赢家！

图书在版编目（CIP）数据

每天学点说话技巧 / 国荣编著.--北京：中国纺织出版社，2018.3（2023.1 重印）

ISBN 978-7-5180-4644-7

Ⅰ.①每… Ⅱ.①国… Ⅲ.①语言艺术—通俗读物 Ⅳ.①H019-49

中国版本图书馆CIP数据核字（2018）第014722号

责任编辑：闫　星　　特约编辑：李　杨　　责任印制：储志伟

中国纺织出版社出版发行

地址：北京市朝阳区百子湾东里A407号楼　邮政编码：100124

销售电话：010—67004422　传真：010—87155801

http：//www.c-textilep.com

E-mail：faxing@c-textilep.com

中国纺织出版社天猫旗舰店

官方微博http：//weibo.com/2119887771

佳兴达印刷（天津）有限公司印刷　各地新华书店经销

2018年3月第1版　2023年1月第4次印刷

开本：710×1000　1/16　印张：14.5

字数：195千字　定价：36.80元

凡购本书，如有缺页、倒页、脱页，由本社图书营销中心调换

你是否会聊天呢？

事实上，从古至今，会聊天一直是一项非常重要的技能。不论是工作、生活，还是婚恋，我们都是通过语言来表达所思所想、分享情感。当然，会聊天并不是专门挑他人喜欢听的话来说，而是可以较好地理解他人的想法，同时合适地表达自我意愿。对生活而言，不会聊天你就输了。不过，只要你学会这项技能，无论对于恋爱、人际关系或职场，将会有很大的帮助。

美国一位沟通专家说："我相信，人天生热爱生命，乐于互助，可究竟是什么使我们难以体会到心中的爱，以致互相伤害？"不会聊天的人，一出口就会引发误解、争吵和隔阂。这些不会聊天的人嘴里常说的是"你应该""为什么不""你怎么老这样""别跟我说""如果……我就……""还行，不过……""谁知道呢""你看人家"等，这些语言往往给对方居高临下之感，或让人感受到质问和指责，或以轻视的态度让对方感觉无处诉说，或让对方产生逆反心理，从而影响人际关系的沟通。

生活中总有一些人会把天聊死，比如，当大家正嘻嘻哈哈讨论得热火朝天的时候，有人突然跳出来说，这都是几年前的故事了……然后，周围鸦雀无声，没有人再接话。隔着大半个办公室，都会让人感觉到尴尬。

俗话说："水深则流缓，语迟则人贵。"会聊天的人，绝不是只滔滔不绝

地谈论自己，而是会不断地给他人说话的机会。毕竟聊天节奏是一件很重要的事情，它决定了聊天各方是否可以愉快地进行交流。在任何一次聊天之前，请记得倾听对方，而不是胡说一气。

聊天的过程，实际上是一个信息互通的过程，而不是说服。我们始终要把决定权保留给对方，这样才能够保持聊天和谐的节奏。信息的互通也需要具有聚焦性，东拉西扯除了浪费双方的时间，真的没有丝毫意义。

无论你是否相信，会聊天终究是一项很重要的技能。语言有温暖人心的力量，也会让人感到万分痛苦，变化莫测且具有不可预知的魔力。会聊天，通过和朋友、同事、爱人的交流，会让你渐渐感到人情的温暖。所以，掌握“会聊天”这项绝佳的技能，认真地掌握它、对待它，会让你终身受益。

2017 年 4 月

编著者

目
录
contents

第 1 章

言语及心，把话说到别人心坎儿里

西方有这样一个观点：世间有一种途径可以帮助别人很快完成伟业，并获得世人的认可，那就是优秀的口才。当然，卓越的口才就是说出的话让他人爱听的一种语言能力，即言语及心，把话说到别人的心坎儿里。

一语中的，让对方无力还击

中国有句俗语：“最后的赢家才是真正的赢家，要笑就要笑到最后。”这句话一点也不假。生活中，与人交往的过程中，只有手握底牌，才能出奇制胜。我们可能经常看到法官这样审查嫌疑人：刚开始嫌疑人总是否认自己的犯罪事实，但他没想到的是，正当自己为自己的罪行掩盖辩护的时候，法官却突然指出他言语间的漏洞或者拿出关键性证据。此时，他只好对自己的罪行供认不讳，和盘托出自己的罪行。同样，这一道理也可以运用到生活中的沟通场景中，如果对方否认某些事实，我们不妨在关键时刻一语中的，让对方无可辩驳。

我们来看一个这样的职场故事：

某公司新来一个员工小王，他似乎有点小偷小摸的坏毛病。

这天，大家都已经下班回家了，但小王还想在公司继续上会儿网。正巧，他看见经理办公室的门还开着，好奇心使他悄悄地进去看了一下。巧的是，办公桌的抽屉也没有上锁，里面放着厚厚的一叠钱。面对金钱的诱惑，小王心动了，于是他就做了件顺手牵羊的事——拿走了几张百元大钞，并且他很有自信地认为，没有人会发现。

但实际情况并不是如此，第二天一大早，经理就在办公室嚷嚷起来了：“你们谁偷了我办公室的钱？办公室怎么还有这样偷偷摸摸的人啊……”但没有一人承认。这时候，经理秘书想出了一个招儿。

他把大家召集到会议室，然后说：“今天早上，清洁工周大姐来找过我，说昨天有人进了经理的办公室……”后面的话，秘书并没有说，然后他接着说：

“经理已经答应我，这件事不会追究，但希望这位同事能主动给经理发个邮件，经理不会公开这件事。”

会后，小王主动给经理发了邮件，并将钱转回到了经理的账上。经理一直夸自己的秘书是个“军师”的料子。

秘书让偷钱人小王不打自招的秘诀在于，他编造出了周大姐曾经看到这个嫌疑人的“作案过程”的虚假事实，然后假装一语中的，从而让小王乱了方寸，不打自招。并且，他采取了软硬兼施的措施，他给了对方“不再追究”的保证，在权衡利弊得失后，小王也只好承认偷钱的事实。

由此可见，当我们不知对手虚实的情况下，可以“使用”证人这张王牌投石问路。而在知晓事实的情况下，“证人”更能让对方心服口服。另外，当他人对我们产生质疑时，我们也可以采用这一心理策略：

客户：“请问我买的房子，大概什么时候可以收楼呀？”

销售员：“一般情况下，是签完合同，收到首期房款三个月之后。”

客户：“要这么长时间呀，一个月时间行不行呢？”

销售员：“如果要求一个月时间收楼的话，装修人员就要赶工。您都知道慢工出细活，赶工的时候，容易忙中出错，最后影响您房子的装修质量，那就划不来了。”

客户：“噢，是这样呀。那就按正常时间收楼吧。”

案例中的销售员运用的计策就是让客户晓以利害，给对方施加了心理压力，在权衡之下，客户接受销售员提出的“不”，同意按预定的时间收楼。

当然，在使用这一心理策略的时候，我们还需要注意：

1. 把握时机，到顺风顺水的时候再说话

比如，在生意场上，在谈判中，有时候你能清楚地感觉到事情正在越变越糟。你应该采取守势，退后一步，现在的情势不适合马上反击。很多人在自己处于劣势的时候还在竭力地试图证明自己，其实不妨退守一步。记住，在你处在劣势的时候，不要急着马上反击，等一等机会总会到来，那时你才能出奇制胜。

2. 胜者总是笑到最后，最后表态

你还应该在最后说话的时候尽力最大化你的优势，先观察你对手的动作，尽量让对手先表态，然后根据对方的心理变化适时地调整自己的策略。到最后的时候，一语中的，让对方心服口服。

环环相扣，结束语同样重要

近因效应是指人们识记一系列事物或某人的言论时对末尾部分的项目的记忆效果优于中间部分项目的现象。当你所传递的前后信息间隔时间越长的时候，近因效应就越明显，原因在于前面的信息在记忆中逐渐模糊，从而使近期信息在短时间记忆中更为突出。心理学认为，人的记忆受到“近因效应”的影响，在交往过程中，我们对他人最近、最新的认识占了主体地位，使过去的一些评价得以改变。换句话说，就是我们在说最后一句话或留下最后一个印象时，对方往往是记得最牢的。

在生活中我们经常都会经历这样的场面：两个朋友在一起愉快地聊天，可是告别的时候，她居然说了一句很恶劣的话。那么，无论之前的畅谈是多么愉快，我们都会把最后一句话留在心里，并挥之不去，而且这句话所造成的影响将波及彼此的关系。相反，本来对那个人的印象并不好，但分别时她居然说“认识你真高兴，我觉得今天你真漂亮，咱们下次再聊”，那么你会觉得以前不好的感受都随之而去，从此对她有了好的印象。其实，这些都是心理学上的所谓的近因效应在起作用。

曾国藩在最初和太平军的交锋中，一直处于劣势，于是在奏折中称自己“屡战屡败”。但他幕下的一个师爷看了说，不要这样写，而是将四个字的位置调动了一下，变成了“屡败屡战”。曾国藩恍然大悟，把奏折改了过来，交了上

去。结果一个“常败将军”的形象变成了败而不馁、坚忍不拔的形象。

其实，在这里我们不难看出，在整个说话过程中，最后一句话往往决定了整句话的基调。比如，上司对下属说“这个月总能超越上个月的销售额吧，虽然这个月销售出去的产品很少”，或者说“虽然这个月销售出去的产品很少，总能超越上个月的销售额吧”。其实，这两句话的意思是一样的，但就是因为语句排列的顺序不同，给对方的印象却是迥然不同的。前者给对方留下悲观的印象，后者给对方留下乐观、积极的印象。相比较而言，后者传递的言语暗示会更容易影响其心理。

谈判过程中，虽然张先生一再表现出合作的诚意，但对方公司负责人就是不为所动，甚至言辞犀利地拒绝：“我觉得你们公司不合适做我们的合作伙伴，您现在提出的一些要求都是毫无作用的。”张先生遗憾之余，还是面带着微笑说：“谢谢贵公司能在百忙之中抽出时间与我公司会谈，以后我还会为我们的合作继续努力。”说完了，还亲自把对方谈判代表送到宾馆门口。次日，张先生却意外接到了该公司的邀请电话。

张先生利用告别时“近因效应”挽回了合作伙伴，促成了谈判的成功。工作中的洽谈并不是一两次就能完成，友好的合作关系也不是快速就能建立。即便双方这次未达成协议，但同在一个领域，还要为以后的良好关系网打下基础。

收尾最后一句话给未来做好铺垫，同时给对方留一个好的印象，这都是十分重要的。

1.“今天真的很愉快”

即使在谈话即将结束的时候，我们也要向对方传递友好的信息，否则有可能你无意的一句话就毁掉了前面的整个沟通。比如“今天真的很愉快”“我觉得你是个很不错的聊天伙伴，下次有空再过来玩”“谢谢你今天的盛情招待，我过得十分愉快”等，给对方留下好的印象，有利于进一步接触或者下一次合作。

2.简洁有力的告别语

在结束整个谈话的时候，告别语不宜过多，如果你总是絮絮叨叨“今天我真高兴，没想到你会邀请我到你家来，这真是我的荣幸啊……那我走了啊，哎，你就别送了”，这样对方会觉得你很啰唆，之前对你好印象都会消失不见；相反，如果你用简洁有力的语言告别“今天过得很愉快，谢谢你，再见”，对方会觉得你是一个做事果断的人，对你更有好感了。

3．“你能给我这份工作吗”

一般情况下，参加面试结束时很少会注意最后一句话，其实在大多数情况下，最后一句简单的话会收到意想不到的效果。我们可以在最后一句话传递期待的心理“你能给我这份工作吗？”“我最晚什么时候能得到回音？”“如果因为种种原因你没有在最后期限通知我，我可以联系你吗？”你所传达的期待心理，会使他人对你的印象大大改观，最后一句话有效地影响了其心理，或许你最后就得到这份工作了。

以己度人，挖掘对方兴趣点

投射效应是指将自己的特点归因到对方身上的倾向，即以己度人，认为自己具有某种特性，对方也一定会有与自己相同的特性，于是他们把自己的感情、意志、特性投射到对方身上并强加于人的一种认知障碍。比如，一个善良的人认为对方也是善良的，一个敏感多疑的人，则往往会认为别人都是不怀好意的。投射效应使我们对他人的知觉产生失真，我们在对他人形成印象时，有一种强烈的倾向就是假定对方与自己有相同之处，但实际上对方所具备的特性却是全然不同的。由于投射效应更倾向于以自己是什么样的人来知觉他人，而不是按照被观察者的真实情况进行知觉，因而投射效应是一种严重的认知心理偏差，它会给正常的人际交往带来严重的负面效应。所以，在日常交际中，我们需要

克服这样的心理，善于从言谈比较中挖掘对方的欲望点，继而影响其心理。

1964 年，刚从海军学校毕业的吉米·卡特，遇到了海军上将里·科弗将军。当将军让他谈谈自己的事情的时候，吉米·卡特为了获得里·科弗将军的喜欢，骄傲地谈起了自己在海军学院的成绩，他说自己在全校 820 名毕业生中，名列第 58 名。他自认为将军听了他的成绩后一定会对他刮目相看，没想到将军却没有任何反应地问道：“你尽力了吗？为什么不是第 1 名？”这句话让吉米·卡特不知道如何回答。

吉米·卡特与将军的对话验证了错误投射现象带来的负面影响，心理学研究发现，在日常生活中，人们总是不自觉地把自己的心理特征强加在对方的身上，认为自己是这样想的，对方也应该有同样的想法，并试图通过这样的想法去影响他人，最终却适得其反。

投射效应主要有两种表现形式：一是感情投射，也就是认为对方的喜好与自己有相同之处，继而按照自己的思维方式，试图来影响其心理；二是缺乏客观性的认知，他会以自己的价值判断去过度地赞扬喜欢的人，或者贬低厌恶的人。其实，投射效应告诉了我们一个道理，即每个人的心理都是不同的，我们不要以己心度人，而是需要在言谈比较中挖掘出对方的欲望点，准确投射，这样才能有效地影响对方心理。

1964 年 4 月，作为中国外交部长的陈毅在印尼首都雅加达参加了第二次亚非会议的筹备会。他在雅加达会见了印尼总统苏加诺，见面后却发现彼此的意见不一致。苏加诺主张第二次亚非会议在万隆召开，而陈毅觉得应该选在非洲国家召开。由于双方的观点不一致，这为筹备会增加了难度。陈毅知道苏加诺非常好面子，所以他从照顾东道主的面子出发，尊重苏加诺的角度考虑，对他说：“非洲有 40 几个独立国家，总统阁下如果主张此次会议在非洲召开，等于支持了非洲的独立，你的做法可谓是高瞻远瞩，还能够充分展现你政治家的风度，当你去那里发言时，你会得到更多的支持。”苏加诺听了点头称是，却不愿放弃自己的观点，陈毅从言语中挖掘出对方碍于情面的心理特性，说道：

“你是总统，我是元帅，我给你当个参谋长，你要不要呢？”苏加诺无法拒绝，只好称是。

陈毅挖掘了对方的欲望点，不伤和气地说服了印尼总统苏加诺。心理专家认为，人与人之间内心深处所想的事情，是彼此完全不同的两个状态，每个人都有自己的欲望点。这就是需要我们在日常交际中，善于用语言挖掘出对方的欲望点，懂得他人的心理，再以自己的语言来影响其心理。在这里，心理专家的言外之意就是指要想对他人心理施加影响，只有挖掘出对方的欲望点，懂得他人心思之后，才能有的放矢，容易达成目的。

1．自己的喜好无法正确衡量别人

俗话说：“物以类聚，人以群分。”这就是人们心理活动的一种折射，在投射效应的驱使下，人们的行为常常有失偏颇，继而不能更好地影响他人心理。比如，你自己很喜欢吃西餐，并不代表对方就喜欢吃西餐。因此，我们在交际中不要以自己的喜好来衡量别人，这样造成的结果只会适得其反。

2．通过言语比较洞悉其心理

如果自己喜欢吃火锅，你可以试着询问：“你觉得火锅怎么样？”假如对方回答：“火锅还行吧，我倒觉得牛排挺不错的。”通过言语比较，对方所中意的应该是牛排而不是火锅；假如对方回答：“我最喜欢火锅了。”那么，他的喜好应该和你差不多。

3．利用惯性思维

税务员假装不相信地问道：“唉，据我所知你没有这个销量。”店主有点生气：“什么！我没有那个销量，这算什么呀！自从今年来，我哪个月不卖个两万多呀。”“那好，你先把这几个月所漏的税额补交了吧！”税务员顺势说道。这里，税务员所使用的就是惯性思维，利用其欲望点洞悉其心理。

悉心聆听，话要说到心坎里

沟通是双方通过语言或非语言来交流思想感情的过程，因此在沟通过程中，我们不仅需要说话，也需要适当地聆听。是否能够通过语言来影响其心理，就决定于你是否悉心聆听了。良好的聆听会为你捕捉到许多有效的信息，而这些信息将决定你是否能够成功地操控他人心理。说话是一个传递信息的过程，把话说到位，不仅关系到是否准确表达自己的思想，而且还在于自己的思想是否被对方所接受并产生共鸣。换句话说，把话说好，关键在于把话说到对方心坎上，以此影响其心理。那么，如何把话说到对方心坎儿上呢？这就需要我们善于通过聆听来洞悉对方的心理需求，再利用语言将自己的思想传递给对方，满足其心理需求，达到影响他人心理的目的。

有一天，车上的乘客很多，而这时又上来了一位抱小孩的妇女。电车售票员小丽像往常一样对乘客们说："哪位同志给这位抱小孩的女同志让个座儿。"但她连喊了两次，却无人响应。小丽并没有着急，缓缓地站了起来，用期待的眼神看了看靠窗口的几位小伙子，提高了嗓音："抱小孩的那位女同志，请您往里走，靠窗坐的几位小伙子都想给您让座儿，可就是没有看见您。"话音刚落，"呼啦"一声，几位小伙子都不约而同地站了起来让座。这位女同志坐下以后，光顾着喘气定神，忘记了对让座的小伙子道谢，小伙子面露不悦的神色。小丽看在眼里，心中明白，她忙中偷闲，逗着小孩子说："小朋友，叔叔给你让了座儿，你还不谢谢叔叔。"一语提醒了那位妇女，连忙拍着孩子说："快谢谢叔叔，快谢谢叔叔。"那小伙子听到"谢谢叔叔"时，连声说："不客气。"

小丽不过说了最简单的几句话，却产生了这么大的魔力，秘诀就在于她能够通过察言观色聆听出他人的心理需求，这里的聆听并不只是单纯地"听对方的言语"，还需要"聆听"对方的非语言暗示。小丽通过"聆听"对方的非语

言暗示，了解到对方的心理需求，恰到好处地说出几句话，句句都在对方心坎儿上。

19世纪，在奥地利的维也纳，妇女们喜欢戴一种高高耸起的帽子。她们进剧场看戏也不愿将帽子摘下，以至于后排的观众被挡住视线。这些后排的观众纷纷去找剧场经理提意见，于是经理就上台请在座的女观众脱帽，然而说了半天妇女们也不予理睬。最后经理又补充了一句话："那么这样吧，年纪大一点的女士可以照顾，不必脱帽。"这句话一出，全剧场的女士竟齐刷刷地把帽子摘了下来。

虽然，妇女们并没有发表任何意见，但她们的行为却透露出这样的信息"戴着高高耸起的帽子是为了使自己变得年轻美丽"，剧场经理"聆听"出了她们的心理需求，针对其心理，说出这样的话"年纪大一点的女士可以照顾，不必脱帽"，暗示出"如果你觉得自己年纪比较大，那就别脱帽吧"，一句话说到了妇女们的心坎儿上，她们纷纷摘下了自己的帽子，因为谁也不想承认自己年纪大。

在沟通过程中，我们需要积极地聆听，让对方尽可能地传递出更多有效的信息，以听出对方的兴趣点，这样我们才有机会把话说到对方的心坎儿上，从而影响其心理，最终赢得对方的信任。

1．表示理解

有时候，即使我们不能认同对方的做法，也需要表示出理解"您说得很有道理，我非常理解您""谢谢您，如果我站在您的位置，也会有与您一样的想法"。话说到了对方心坎儿上，他会不自觉地受你影响。

2．维护对方的自尊心

美国著名的哲学家詹姆斯曾经说过："人类天性的至深本质就是渴求为人所重视。"当对方的表述有些偏颇的时候，我们需要维护对方的自尊心，尽量以委婉的表达方式传递这样的信息"您说得非常有道理，但我相信，每个企业，毕竟都有它存在的理由。"

3 . 具体而新颖的赞美

每个人都渴望别人的赞美与认同，当我们察觉出对方有这方面的心理需求的时候，需要给予具体而新颖的赞美之词，比如“您的声音真的非常好听”“听您说话，我就知道您是这方面的专家”“跟您谈话我觉得自己增长了不少见识，谢谢您了”。这些恰到好处的赞美会触动对方内心，继而赢得对方的信任，最终达到影响对方心理的目的。

触及软肋，令他人信服于你

软肋原指胸腔的肋骨，这一部位容易被他人攻击，后来用作形容事物的缺陷、弱点等容易发生问题或遭受破坏的地方，同时也指一个人的痛处、小辫子、脆弱点，等等。事实上，每个人都有致命的弱点，有可能是贪图金钱，有可能是刚愎自用，有可能是曾经的痛处。假如我们能够在沟通时用言语适当地触碰对方的这些“软肋”，他就会因为心理防线被瓦解而降服于你。“软肋”是一个很好的利用工具，任何人都不想自己的软肋被击中，一旦最薄弱的地方都被击垮了，那他还有什么不能答应的呢？当然，“软肋”这样的地方并不是随便就可以触碰的，需要拿捏好一个“度”，适当地触碰会令其心理发生变化，相反稍微过分，对方就有可能会被逼急而“跳墙”。

某广告公司策划了一次宣传活动，为了给宣传活动造势，他们打算请一位明星来代言。但是，明明已经签订了合约的经纪人却以档期已满为理由拒绝出席此次宣传活动，眼看宣传活动马上就开始了，广告公司不得不放出狠话：“如果现在咱们不能达成协议，新闻界就会坚持把整件事情的内幕刊登出来，到了那个地步，我也不知道怎么样才能合法地把新闻压制下去，对此你有什么高见呢？”

利用对方的“软肋”给予适当的压力，这会令对方更容易作出决定，他会在压力之下不得不答应你的请求。如果我们想影响他人的心理，我们必须首先了解对方这个人。最关键的在于了解其软肋所在，在他们心中有何种欲念，有怎么样的性格特征。然后，我们再根据对方的性格，寻求其弱点，用他们的喜好去引诱他们，这样我们就可以支配其意志，达到影响其心理的目的。

20 世纪 80 年代，我国曾与突尼斯 SIAP 公司的商务代表、技术代表关于在我国兴办化肥厂的有关事项进行谈判。中突双方都非常重视这个建设项目，双方完成了可行性研究报告，经有关人员的反复论证，选择了具有优越港口条件的秦皇岛市作为建厂地点。可行性研究报告刚刚结束，科威特石油化学公司得此消息，便立即表态，愿参与此项目，与中方合资办厂，并派出了谈判代表。

可是，出乎意料之外，在谈判一开始，对方听了我方介绍完该项目的前期工作，就断然表示：“厂址选在秦皇岛不合适，你们所做的一切工作都是毫无用处的，要从头开始！”这话无异于晴空霹雳，一时难以提出反驳意见，谈判陷入僵局。我方一代表却猛地起身发言：“我们为了建设这个化肥厂，安置了……看来这事项要无限地拖延下去了，那我们也只好把这块地让出去！对不起，我还有别的事情需要料理，我宣布退出谈判，今天下午我等候你们最后的决定！”三十分钟后，情势急转直下，对方表态：“快请代表先生回来，我们强烈要求迅速征用秦皇岛的场地！”

谈判最终取得成功的秘诀在于，我方代表抓住了对方的“软肋”，他不敢真正地舍弃秦皇岛这个占据优势的地理位置，当我方代表说“那我们也只好把这块地让出去”的时候，一下子击中了对方的要害，令其不得不降服于我方。

在人际交往中，我们要善于抓住对方的“弱点”，即软肋。在某些时候，只要抓住了对方的这些弱点，就会使他们不得不听命于你的安排。当然，当我们想办法抓住对方软肋的时候，还应该避免被对方抓住自己的软肋。

1. 用语言巧妙暗示

即使你清楚对方的软肋在哪里，也不要直接说出来，而是通过语言巧妙暗

示，否则有可能会激怒对方，比如“你也知道，如果我把这些照片交给你夫人或者你的上司，后果肯定……”暗示对方你已经抓住了“软肋”，逼其就范。

2.“如果你不怎么样，那么后果将会很严重”

既然已经抓住了对方的软肋，就要向对方施加一定的压力，这样才会有效地影响对方心理。换句话说，你应该说清楚如若不答应将产生什么样的后果，比如“如果你不及时采取行动，到时候我可控制不了事态的蔓延”，施加一定的压力，达到操控其心理的目的。

3.孤注一掷，发出最后警告

有时候，对方希望通过威胁来达到自己的目的，但事实上他并不能真正地割舍那部分利益。面对对方这样的心理，我们应该将计就计，孤注一掷，发出最后警告“那我们实在没有办法，看来只好与下面一家公司签约了，今天我有事先告辞了，希望你尽快给我答复”。如此将计就计，他难道还不降服吗?

第2章

把握心理，语言表达要恰到好处

现代社会的人们不能只窝在家里，还需要走出家门，和不同的人打交道，所以能够把握人心，看懂他人的心思，从而有针对性地交谈，是非常重要的。我们掌握了心理方面的说话技巧智慧，再谙熟一些社交言辞，就能令自己在社交场上如鱼得水，左右逢源。

说话的方式，要学会因人而异

塞万提斯有句名言“说话不考虑对象，等于射击没有瞄准”。交谈也一样，一定要了解对方的个性、身份、地位、能力、人缘等，然后投其所好、避其所忌，才能进行良好的沟通。而在社交中，如果不知道对方的详细信息，就要学会按对方的身份地位说话。

如果遇到“油滑”的对象，就用“油滑”的方式来对待他。下面的例子就是，销售代表小林和客户王老板沟通渠道奖励的事情。

小林：“您老最近忙什么？好久不见，也不给我电话。”

王老板：“你小子怎么不给我电话？我整天帮你卖货，我是为你打工，你要知道。你很滋润，和老婆享福，也不关心贫下中农的死活。嘿！”

小林：“谈正经的，我们公司最近要做一个渠道奖励。”

王老板：“快点，有话快说，有屁快放。我这里忙。”

小林：“别急，是这样的……”

如果遇到严肃的对象，就用正常礼仪来对待他。

小林：“王总，您好。我是小林。”

王老板：“你好，最近忙吗？很久不见，最近有什么新政策？”

小林：“公司最近出来了一个渠道奖励计划，要和您谈谈。”

王老板：“还要你多关照呀，具体怎么操作呢？”

小林：“是这样的……”

一千个人有着一千种不同的性格，因此面对不同性格的人要作具体分析，

看人说话。看人说话的技巧是在交际场中取得胜利的不二法宝。

1. 称呼对方有讲究

有些人更喜欢别人称呼他的职位如“王经理”“李总”等，往往是因为他们刚升上职位时间不长，对于职位称呼还比较“虚荣”。有些人喜欢初次见面者称呼他们“先生”，如果记得他们的姓氏，叫一声“章先生”“赵小姐”会使他们很高兴，这往往是因为他们地位较高已经不在乎职位为他们带来的荣耀。称呼文艺界的前辈不妨用“某老”，显得更加尊敬对方。社交场合，除了非常熟悉的朋友外，最好不要直接称呼名字。

2. 注意自己和对方的地位

虽然身份不同不会妨碍人际交流，但如果不分对象，不看身份，都用一样的口气说话，无疑是幼稚无知的。对于地位比自己高的尊者，如上司、某行业的前辈、比自己更有名气者、德高望重的长辈、为人师者等虽然不必逢迎谄媚，但在言谈举止方面一定要表现得更尊重对方一些，多用一些“谦辞”“敬辞”和“雅语”。

对于地位比自己低者，说话越随和风趣亲切越好。在一次座谈会上，某著名语言学家，学会负责人首先讲话。他说：“先让我这个老猴来耍一耍，然后你们中猴，小猴再耍。我这个老猴肯定耍不过你们中小猴，不过总要带个头吧！”这位报告人是个德高望重的语言学家，到会的中青年同志对他都很敬仰，但比较拘束。他以自嘲的方式来个“庄谐杂出，四座皆春”，一下子解除了众人的拘束感，会场的气氛被调节的很好。

3. 注意对方的职业

对方是商人还是艺术家？是中层管理者还是高层决策人？对方的职业和社会角色不仅影响他对语言的接受能力，还直接决定你对话题的选择，对表达方式的好恶。是拉家常还是请教专业问题，是聊社会热点还是品评热门作品，应根据对象的不同与职业的不同选不同的方式，说不同的话题。

在社交中说话时，我们说的话应当符合特定身份的要求，从称谓到措辞组

句，从语气到表达方式都要不失身份，愉悦得体。此外，与人说话时还要分得清什么时候适宜多说，什么时候少说为宜。如果不分主次，谈笑风生，海阔天空则会招致对方的厌恶。

聊共同话题，会加深彼此好感

与人交往就像听收音机，只有进入和对方相应的频段，才能得到他们的认可和喜欢，才能进入对方的“范围”即“人脉网”，交流和沟通时才会更加顺畅。

一家设计公司打算聘请本市最著名的设计师来做大型园林项目的设计顾问，但是这位老设计师性情孤傲，公司派人几次登门拜访都碰了钉子回来。最后，只好让本公司最擅长交际的公关经理白小姐前去老设计师的家里请他出山。

白小姐通过其他人得知，老先生在丹青方面情有独钟，于是就花了半个月的时间苦读了几本中国美术史方面的书籍。白小姐来到老设计师家里，老先生对她并没有任何欢迎的意思，只是出于礼节没有下逐客令。白小姐对此并不介意，装作漫不经心地来到老先生的书桌前，欣赏起了他刚刚画完的一幅山水画，一边欣赏一边不住地赞叹说：“老先生的这幅画，气韵生动，清润文雅，平和恬然，真是一幅不可多得的作品啊！”一旁的老先生听了，顿时有了一种知音的感觉，脸色也缓和了下来。

白小姐趁热打铁又说：“老先生，您这是在学习明代著名画家董其昌的绘画风格吧？”老先生一听，觉得白小姐是绘画方面的内行，态度很快地就转变过来，兴致勃勃地和白小姐谈论起了吴门四才子和松江画派的话题，白小姐认真地听着，并时不时地讲述对明代各绘画流派的看法。两个人的兴致越来越浓，距离也越来越近，最终老先生在愉悦的心情之中爽朗地答应了白小姐，出任该公司的设计顾问。

怎样进入对方的“频段”呢？关键是要和对方“同步”，找到你们共同感兴趣的话题，和对方达到一种情感上的“共鸣”，让对方愿意听你的话，才能加深彼此间的好感。这就要求先选好话题，话题好可使人有一见如故，相见恨晚之感；话题选不好，便会导致四目相对，局促无言。那么怎样挖掘共同的话题呢？

1. 首先话题要自己了解

对于自己不太熟悉的话题，比如书法，即使看出对方非常感兴趣，很精通，最好也不要聊。否则一直听对方在旁边向一个一窍不通的人夸夸其谈，而一言不发，也是一件累人的事。有来有往才叫沟通，沟通得好，关系才能更进一步。如果对方向你提出一些问题，而无法回答或应对，对方则很可能识破你的“讨好谄媚”，这是一件非常尴尬的事。对方可能从此后再不和你深交，或从内心鄙视你，这就得不偿失了。

2. 对方对话题感兴趣

寻找对方感兴趣话题的最大困难就在于不了解对方，同他人交谈时，最好先尽快熟悉对方，消除陌生。在短时间里，通过敏锐观察初步了解对方：他的发型，他的服饰，他的领带，他的烟盒、打火机，他随身带的提包，他说话时的声调及他的眼神等，都可以给你提供了解的线索。如果在对方的屋子里，就会有更多了解的依据：墙上挂的画，橱子里放的摆设，台板下的照片，书橱里的书等，这一切都会自然地向你袒露关于主人的情趣、爱好和修养等。

通过观察怎样找到能够让人相见恨晚的话题呢？要从如下几个方面着手：

（1）先选择众人关心的事件为话题，这类话题是每个人想谈、爱谈又能谈的，人人有话，自然就能说个不停了，以至引起许多人的议论和发言。在这些发言中，悄悄关注对方的表现和思想理念。

（2）巧妙地借用此时此地某人的某些材料为题，借此引发交谈。有人善于借助对方的姓名、籍贯、年龄、服饰、居室等，即兴引出话题，关键要灵活自然，就地取材，思维一定要敏捷，能达到由此及彼的联想，进一步试探对方

感兴趣，而自己熟知领域的话题。

（3）问对方的兴趣，循趣发问，更能顺利地进入话题。每个人都有几种平时喜欢的娱乐方式或兴趣爱好，寻找和自己有交集的兴趣话题，切磋一番或者谈谈其中的情绪，适时问问对方平时怎样消遣，怎样提高，就可以在交流中加深感情。也可以先谈谈你自己的兴趣爱好，来个抛砖引玉，然后在彼此的兴趣爱好里寻求共鸣点，以此增加了解和深化感情。

（4）在缩短距离上下功夫，力求在短时间内了解得多些，缩短彼此的距离，力求在感情上融洽起来。尽量了解对方的想法，所谓“志同道合”才能谈得投机，最终才能结交为好友。从这方面考虑，最好围绕对方的事业或者对某些现象的看法来谈论，抓取这种话题，最容易反映出一个人的思想观念、品德智慧、为人处世等方面的水平和品位。比如，问对方你做什么工作的？我很难理解你的工作，和我说说好吗？从对方的谈论中就可以看出对方是否热爱他的本职，是否热爱生活，对生活、工作的见解是浅薄的还是深刻的，更有利于自己决定是否和对方继续交往。

俗话说“见人说人话，见鬼说鬼话”，这并不是讽刺一个人处世圆滑，而是对善于在人际间游走的人的智慧的肯定。在与人相处的过程中，投其所好、知其所喜，说对方想听的话才能达到我们说话的目的。如果能在不违背原则的前提下，迎合了他人的兴趣，博得好人缘就是很容易的事了。

暴露缺点，会让彼此更亲切

现代社会，社交频繁而必要，社交场上我们会遇到各种各样的人。但是没有任何人会喜欢强到足以使自己感到卑微无能和价值受损的对象，也没有人会喜欢时时刻刻衬托出自己无能和低劣的对象。一个超凡的人给人感觉总是不安

全不真实的，人们对这样的形象不是真正地接纳和喜欢，而是有距离地敬而远之。

社会心理学家埃利奥特·阿伦森发现：人们更容易喜欢才能出众而有自己小缺点的人。所以，美国总统奥巴马常常在电视上被太太和女儿嘲笑不精通家务，常犯些小错误，这并没有影响他的总统形象，反而被更多的选民喜爱；爱因斯坦在自己寿宴上的“鬼脸”，却让人感到他平凡顽皮而亲切的一面，让人感觉这位伟大的科学家也是令人亲近的。

因此，如果你是一个近乎完美的“成功人士”，你在社交场合应该表现得更加亲切一点，或者换句话说“有缺点”一点。这就是为什么那些张扬的或者任性的或者有点小轻浮、小傲慢的明星更容易被人们喜欢，更容易红。那么怎样表现自己的“白璧微瑕”式的亲切呢？

1. 说点自己曾经做过的糗事，犯过的傻

再优秀的人，年轻时也犯过错误，甚至做过各种出糗的事，如果你是一个被人崇拜的“一姐”，把自己的糗事拿出来晒一晒，往往显得更平易近人。不过，这种糗事要筛选一下，不要真正影响到你的形象。某“女强人”曾经在一次同学聚会上说，“你不要看我现在精明能干，我刚入职那会儿可傻了。记得一次我犯了错误，在那狡辩，领导气急了，说我‘这么说我不应该罚你，还应该奖励你？’当时我顺杆就爬上去了‘我本来想请两天假，您也别奖我了，能不能带薪啊？’当时把老板气得都乐了，哭笑不得地把我们都赶出去了。”这位“女强人”所说的糗事使她身上“成功女性”的光芒淡了，同学们待她也亲近起来。

2. 自己的各种犹豫为难

人们常常看到成功的荣耀，看不到成功背后的为难和犹豫，有时候不妨把这种为难揭出来，也许就会得到人们的理解和喜爱。“其实我当时也挺犹豫的，继续吧遇到了‘瓶颈’，改变思路吧，也许形势会更糟糕，当时也是左右为难，恨不得把头发都拔光，幸好妈妈打电话过来支持我‘犯什么愁，最坏回家跟妈妈种菜，妈妈养你’。后来才撑过来，其实这一路不知有多少风雨，我也很难的。”

这种诉苦式的话，也能迅速拉近人与人之间的距离，让人产生亲切感。

3. 生活中的各种烦恼，或自己的小缺点

向对方诉说生活中自己的各种“小烦恼”，烦心事，更能把你降格为一个“邻家姐姐”式的普通女人，消除作为优秀女人与别人间的距离感和生疏感。

总之，多说一些自己的小缺点，反而能降低普通人的心理压力，缩小了和平庸者的心理距离，保护了他人的自尊，反而能得到更多人的喜爱。当然前提是你一定是一个优秀出众的人，否则越说自己的小缺陷，越容易被嘲笑和轻视。

学会示弱，让对方不忍拒绝

同情弱者、保护弱者是人尤其是强大的人的天性，想要把强大的对手说服，获得对方的帮助，不妨争取对方的同情，激起对方的保护欲，这样就可以以弱胜强，以情乞怜，获得帮助。所有的女性在男人眼中都有柔弱、脆弱的一面，关键时刻不妨用展示自己的柔弱来博取对方的帮助。

有一对恋人，同居三年，两人感情很好，一天两人因为一些小矛盾吵了起来，最后女孩提出了分手，男孩却没有拦她，因为他知道她的脾气，女孩收拾起了所有的衣服，刚刚走到门口便后悔了，这时她把皮箱扔到男孩面前，娇嗔地说了一句：“你都不送送我吗？”

这时男孩抱住女孩，深深地吻了她，两个人便和好了。

有时候女人的一句软话能够激发男人的保护欲，能够让对方找到一个台阶，能够挽回一段濒临解体的感情，有时候一句话足以改变一切。

怎样用女人特有的“柔弱”求助呢？

1. 示之以强，而求之以弱

同情弱者是人的天性，想要获得他人的帮助，如果没有其他办法，不妨试试“示弱”。“软话求人”，先要学会低头，平时越是强势、倔强的人，在关

键时刻“服软”，往往越能引起人们的怜悯和同情，轻易不会开口求助的人，“软语相求”更容易打动人。所以这招不能轻易用，否则平时就喜欢没脸赖皮求人的人，到了关键时刻，这招反而失灵。记住善于妥协示弱的女人很宝贵，惯于妥协示弱的女人很廉价。

2. 以泪赚怜

第一，女人的眼泪是最有效的武器，当女人有苦衷或者暂时遭遇麻烦的时候，眼中的泪水可以迅速引起对方的重视，以最快速度软化对方的心，迅速求得帮助。人们往往不会在外人面前流泪，所以泪水可以使彼此在感情上靠近，产生共鸣，让对方认为你把他当作可以亲近，软弱时可以依偎可以求助的人，对方自然更愿意帮你。第二，在别人面前流泪了，你一定遇到了很急的事情，很多时候眼泪是难以伪装的，对方更容易信任你。第三，女人的眼泪往往能使被求助者获得一种心理上的满足，从而更愿意帮你。

3. 以情乞悯

在大萧条时期，一个落魄的男人走进了某家首饰店，本来想要找份工作，但经过一番交谈，经理表明首饰店不再需要员工。这时，一个女店员不小心打翻了珍珠盒子，珍珠滚落了一地，她捡起后数了数，发现少了一颗，而那个男人刚好站在她的柜台前。女孩觉得珍珠一定被这个男人藏起来了，可苦于没有证据，不好发难。于是，这个聪慧的女孩略委屈地轻轻问了一句“先生，现在工作很难找，是吗？”男人狼狈地红了脸，捡起踩在脚下的珍珠还给了那个女孩子。

现实生活中，我们常常会遇到各种事情，在不得已求助的时候，不妨做个“可怜”人，这会促使对方站在你的角度想一想，从而“心有所感”，则更容易获得帮助。比如“我想您知道，像我这种境遇有多无奈”。谁都可能遭遇过类似境遇，也就有可能产生“感同身受”的同情，这样的求助则更容易打动对方，所以更高明。

暗示价值，让对方愿意帮助你

心理学家霍斯曼认为人与人之间的交往本质上就是一种社会交换。而这种交换跟市场上的商品交换所遵循的那些交换原则是一样的，也就是说人们都希望在交往中，自己所得到的多于自己所付出的，但通常付出的与得到的只有对等，这种关系才能维持下去。让对方明白自己的利用价值，对方为了自己也会更愿意帮助你。

卡耐基曾借助某旅馆举办培训班，后来旅馆经理要求增加 300% 的租金，卡耐基找到这位经理，告诉对方“我接到你们的通知时，有点震惊。假如你坚持要增加租金，那么让我们来合计一下，这样对你有利还是不利。如果你把我撵跑了，我势必再找别的地方举办训练班。这个训练班将吸引成千上万的有文化、受过教育的中上层管理者来听课，对房主来说，这难道不是起了不花钱的活广告作用了吗？事实上，假如你花 5000 元钱在报纸上登广告，你是不可能邀请到这么多人亲自来你的旅馆参观的，可我的训练班给你邀请来了。这难道不合算吗？请仔细考虑后再答复我。”

结果第二天就接到旅馆经理的回复，房租只涨 50%。

怎样让别人意识到你的利用价值呢？

1. 分析共同面临的局势

求助于他人时，如果能够分析清楚共同面临的局面，你在此种局面中能够帮助对方得到的好处，让对方看到你的“潜在价值”，他则更容易帮助你，尤其在多方合作与竞争的情况下更是如此。

2. 让对方看到你的“潜力”

刚刚进入职场的女性想要获得“老将”的帮助，不妨展现出自己独特的才能，或者自己的一技之长，或者广阔的人脉、雄厚的资源或可能帮对方一起对抗竞争对手的意愿。让对方意识到，即使没有他的帮助，你迟早也会被赏识、

被接受，这样即使做“顺水人情”对方也会帮你。总之，一个人不能够赤手空拳而求得别人相助，必有所持，才能被别人重视，才能让别人心甘情愿帮助你，被动等别人的同情、施舍，只是下下策。

3. 向对方展示你的“实力”

公司向银行借贷，往往要出示自己往年的业绩、利润，以确保自己有偿贷能力。一个人想要获得别人的帮助，展现自己的实力也是不可缺少的一种方法。告诉对方，你有独立做好的实力，只是暂时不凑手。很多人都更愿意帮助暂时遇到困难的但很强大的人，因为这预示着他有可能从此搭上更强大的列车，获得更多实惠。以强者的姿态求助往往能获得更心甘情愿的帮助，所以不要忘了展示自己的实力，更容易获得帮助。

求人帮助，奢望对方的同情就落了下策，因为你把主动权寄托于别人的情感，自己就被动了，再者无利的事，对方也不一定甘愿相帮。想要让别人主动相帮，不妨亮出自己的“优势”和“利用价值”让对方看到因为帮助你可能得到的好处，而这种好处并不只有他一个人想得到，对方才会更加心甘情愿地帮你，这种把主动权掌握在自己手里的做法才是真正高明的。

反客为主，巧言引导对方思路

反客为主的谈判法就是先顺着对方的想法做出一番分析，然后找出对方的漏洞，乘虚而入，就能够夺取谈判的主导地位，再抓住关键要害，才能循序渐进达到自己的目的。让对方顺着你的思路走，就要先顺着对方的思路走。运用反客为主的方法，先要找到对方的荒谬之处，或者洞悉对方的漏洞。

某男孩与女孩要结婚了，女孩决定操办一个豪华婚礼，男孩却持不同意见，但直接表达恐怕引起女孩不满。于是，男孩给女孩算了一笔账“完全按照

女孩的意愿，酒席32万元，新房装潢和家具等12万元，蜜月旅行、喜车、喜糖、鞭炮、礼品等二十几万元，加起来要六七十万元。”然后告诉对方“现在有12万元的存款，每月结余大概一万多元，一年大概存14万元。”然后，告诉女孩子“你看咱们是不是5年后，35岁积攒下存款再结婚？”女孩沉默了，“要不先贷款，然后再用5年的时间还贷？”女孩也不满意，这时男孩趁势说道：“35岁结婚太晚了，背着贷款也不舒服，你看咱们是不是实际一点，看看哪里可以节省点？”女孩很轻易就同意了。

1. 洞悉漏洞

在某次谈判中，为了自己手中多一张王牌，某芯片供应商A没有说出芯片对机械的要求，并告诉对方B，自己正在和另一位公司的老总C洽谈。B多方了解，知晓了这一秘密，于是告诉A自己无法按照对方的要求进行投资，决定放弃购买这种芯片；据自己了解这种芯片对机械的要求颇高，必须用类似的进口设备，希望对方能介绍把自己公司的设备卖给C公司。这一番暗示，告诉了A自己知道他和C的洽谈不过是个幌子，做到了反客为主，A听完之后大惊失色，主动找到B，降低了产品价格和对采购量的要求。

想要掌握主动权，让对方顺着你的思路走，就一定要找到对方的弱点，或漏洞或需求，然后再循序渐进地提出要求，就能顺利让对方顺着你的思路走。

2. 循序渐进

找到对方漏洞后，再抛出自己的想法，即有利于自己的筹码，对方就可能一步步按照你的计划达成协议。比如，在某次谈判中，谈判手了解到目前这种产品的市场竞争非常激烈，于是提出：“我公司已经连续5年向贵公司采购产品了，当前市场竞争非常激烈，于情于理，贵公司最少应降价10%。”对方没有立即答应，于是该谈判手立即详细分析了产品的成本，市场竞争状况，如果错失和自己的合约，将可能有多大的损失，严重的话，对方可能会被逼撤出该产品市场。

然后提出对方可能陷入的困境“若贵公司不顾交情，我公司将不得不向你的同行采购”。

最后提出有诱惑的条件并催促对方道："您想继续合作，按照我们的建议执行吧，随着公司业务量增大，我们会增加采购量的。"

3. 抓住关键要害

想要让对方按照你的条件达成协议，就必须抓住对方的关键要害，比如"不想失去一位长期客户""希望延长合同的期限""希望增加采购量""不希望丢失高品级顾客""希望能做出产品宣传"等，只有抓住对方的要害，允诺对方最需要的利益，协议则可能更顺利达成。

在为人处世中，我们既可以使自己从"客人"的被动地位转变为"主人"的主导地位；也可以自愿暂时放弃自己的"主人"地位，让本来处于从属地位的对方来从"主人"的角度和立场考虑问题，以期得出对自己有利的结论，这就是反客为主的关键。

说话要准，掌握聆听者的心理

俗话说：酒逢知己千杯少，话不投机半句多。人际交往中，有人口若悬河、滔滔不绝，而有人三言两语之后就变得语枯词穷，其实这两者的主要区别就在于，前者懂得在说话时掌握对方心理，能让自己的话说到对方的心坎上。这样的人总可以在不同的交际场合应对自如。

某公司招聘会计，当天有两个人同时去应聘。公司老板告诉他们："我们公司只招一名会计，所以你们两人需要竞争。"接下来，老板让他们每人介绍一下自己，最后由老板定夺谁去谁留。

第一个人首先说："我是某名牌学校的高材生，专业知识掌握得相当牢固，我干工作也很踏实……"老板听后点了点头。但第二个人只是简单的几句话："我干会计很简单，服从上司的指示，保证账目清晰。"最后老板录用第二个

人。因为第二个人不但把话说到了点子上，而且说话很有条理。

有的人滔滔不绝地说了一大堆的话，到头来却发现，自己说的全是废话，反而会引起别人的反感。事实上，一个人会不会说话，能不能条理清晰地表达自己的意图，并不在于话多话少，而在于能不能把话说到点子上，知道对方想说什么，从而明确表达自己的意思，有时候就会获得意想不到的成功。

那么，在与人交谈时该如何掌握聆听者的心理呢？

1. 说话时多注意对方的眼神

一个人的内心在想什么，可以通过他的眼睛看得清清楚楚。当听者直盯着你看，那表明对方可能对你的话产生了质疑；当听者在你说话时不停地眨眼，那就意味着对方对你所说的没有一点兴趣，继续说下去可能会引起听者的反感情绪。当你发现听者眨眼睛的频率变快的时候，说明你的说服起到作用了，对方开始动心了。

2. 聆听者不经意间流露出来的一些头部动作，往往能映射出对方的心理倾向

与人交谈时，如果听者不断点头，那意味着对方对你的话产生了兴趣；如果在交谈中，对方低着头一言不发，多半是对方已经对你产生了不满意或者是有成见的情绪，但又不好直接表达出来，此时说话者应赶快转移话题。

3. 手部的微小动作，往往能将聆听者的心思暴露出来

当对方在你说话时用手摸鼻子，往往表明他对你的话题不感兴趣，不想和你有更深层次的接触和合作；当对方在你说话时老是揉眼睛，那就说明对方对你的谈话一点也不感兴趣。此时应赶紧转换自己的谈话主题。

与人谈话，要学会观察和捕捉他人心思，只有这样我们才会知道什么时候该说什么话。我们不断说中别人的心思，或不断说出对方想听的话，这时候对方自然就很高兴，也乐于和我们继续交谈。

人际沟通，实质就是思想情感的表达。一个了解聆听者心思的人，可以流利地用语言说出对方想听的话，能把想要表达的意思说得很清晰，而且层次分明、有条有理，使每一个人都乐于接受。能够把听者的心思和自己的言语结合起来的人，他在生活和事业中会比别人更容易取得成功。

第3章 点到为止，说话要注意掌握分寸

每个人都有说话的权利，当然每个人也都有义务对自己所说的话负责。古人云，祸从口出，这句话非常有道理。很多时候，一个人如果管不住自己的嘴巴，甚至有可能惹下弥天大祸。归根结底，人与人的交流必须依靠语言表达，倘若总是说话像刀子直接扎入他人的心里，早晚会因此吃大亏。尤其是在现代社会，人们变得非常敏感，时常因为一些小事就情绪激动。这种情况下，说话更应该留有余地，点到为止，这样才能进退自如。

说话要给自己留有余地

生活中，经常有人说话时情绪激动，咬牙切齿，恨不得在话一出口的时候，就用严厉得不能再严厉的语气，将其刻在石头上。这样决绝的态度，这样咬牙切齿的嘴脸，导致不管说出多么中肯与合情合理的话，也很难让人接受。世上好心办坏事的例子并不少见,究其原因就是人们在做事时没有留下回旋的余地，导致遇到突发情况时，只能继续硬着头皮往上上，根本不能退缩，或者做出其他更合理的选择。其实，不仅做事如此，说话也同样需要注意这一点。一旦把话说绝，当事人都无法抹开面子，就算想回旋也没有台阶下。从某种意义上来说，语言只是沟通的介质，并不是实质性的内容，何必在说话时过于较真和激动呢？！常言道，有理不在声高，当然决心也无须用决绝的话表达出来。真正让人敬佩的是这种人，他们说话时总是温言细语，柔声细气，但是似乎有一种不怒而威的力量，让人不得不重视他们所说的每一句话，将其牢牢地记在心间。而且，你绝不可能从他们口中听到失去理智的话，甚至他们还会给你很多可能性供你选择，这就是不卑不亢，绵里藏针的语言智慧。在这样的语言智慧下，当事人可以非常从容地做出选择，根本无须担心自己的话会把自己或者他人逼入死角。

现代社会，很多人都脾气暴躁。也许是因为生存压力越来越大，也许是因为生活中的诸多不如意，总之他们就像是工艺粗糙的炮仗，轻而易举地就会被点炸。如果两个这样的年轻人遇到一起，争执也会随之而起。实际上，说话决绝有什么好处呢？不但是逼迫别人，也是逼迫自己，甚至还会把事情弄得更糟

糕。真正聪明理智的人，会保持良好的心态，以最友好的方式和他人交流，这才是解决问题的根本办法。尤其是在职场上，很多人一旦工作上有了突出的表现，就会恃才傲物，不把所有人看在眼里。殊不知，人外有人，天外有天。只有摆正自己的位置，努力做好自己该做的事情，一如既往地尊重同事，你才能拥有更加平坦的职业生涯。

万事万物都处于发展和变化之中，在对待一切问题时，我们都应该以辩证唯物主义的眼光客观分析，再以发展的眼光随时保持调整的状态，这样才能尽量与时俱进。很多人喜欢墨守成规，即使做错了事情，也拒绝认错。还有些人则善于据理力争，一旦占据道理，就得理不饶人。这样的行为，都只会给我们带来伤害。俗话说得好，人是活的，树是死的。作为灵活的人，我们必须根据现实情况调整心态，把握人生。在这个世界上，任何奇迹都有可能发生，任何意外也有可能随时出现。我们必须灵活地运用语言，才能更好地协调人际关系，更融洽地与人交流。

为了研究说话的分寸，美国斯坦福大学的两位学者曾经专门展开了一项实验。在这个实验中，实验对象是若干家庭主妇，实验的目的则是研究如何有余地地说话，才能让自己的请求不被拒绝。

他们首先打电话给约翰夫人："您好，我是消费者协会。为了了解消费情况，我们想向请教您几个问题，是关于家庭日常消耗品的。""好的，没问题。"约翰夫人很容易就答应了。随后，他们提问了几个关于沐浴露和洗发液品牌的问题。过了几天之后，他们又打电话问约翰夫人："您好，我们前几天打过电话给您。为了调查更加深入，我们能否派出几个工作人员去您家里，亲自和您探讨关于家庭日用品消费的问题？"结果，约翰夫人只思考了几秒钟，就表示欢迎。

为了对实验结果进行对比，他们又对其他一组家庭妇女进行了不同的实验。在这一组实验对象中，他们首先打电话给亨利夫人："您好，夫人，我是消费者协会。为了了解情况，我们想派出几个工作人员去您家里了解情况，希

望您能同意。” 不出所料，亨利夫人坚决表示拒绝。甚至在给其他实验对象打电话时，他们刚刚说了去家里了解情况的请求，电话就被挂断了。

接受陌生人来自己家里，这本来就是一个很容易遭到拒绝的请求。然而，两位学者先是采取了迂回曲折的方式，让事情留有余地。对于在电话里简单回答几句，人们还是更容易接受的。因而，第一种方式先从心理上打开了约翰夫人的防范之门，接下来几天之后才又提出不情之请。在第二个实验小组中，实验者一上来就提出了让人马上就会产生警惕心理的请求，因而很难通过。此外，第一种方式中，大多数沟通采取疑问的方式，征求被实验者的同意。第二种方式中，则是以通知的方式，不给实验对象选择的空间。这样一来，自然更容易导致实验对象的反感。

不管什么时候，我们与人交流都应该留有余地，这样才能回旋自如。假如总是说起话来咄咄逼人，则很容易让人心生反感，自然也就难以得到对方的理解了。

会说话的人懂得赞美别人

曾经有位名人说，世界上并不缺少美，只是缺少发现美的眼睛。那么，在发现美之后要做些什么呢？为了让世界更美好，我们应该拥有一张弘扬美的嘴巴，这样才能让美传遍世界。遗憾的是，现实情况恰恰相反，有些人的嘴巴天生就是唱反派的。他们总是用眼睛盯着别人的缺点，用嘴巴传扬别人的缺点，却从不反省自身是否完美得无可挑剔。实际上，世界上根本就没有完美的人，每个人都会有这样或者那样的缺点，与其总是看到别人的缺点，揪着别人的缺点四处说，不如多从积极的方面看问题，多发现别人的优点，多赞扬别人的优点。试想，如果每个人都在说别人不好的地方，那么我们生存的环境能和谐融

洽得起来吗？相反，如果我们每个人都在发自内心地赞美他人的优点，那么人与人彼此之间一定会更多几分包容。

除此之外，我们还应该净化语言的环境。现实生活中，很多人都喜欢爆粗口，恶言恶语地说话。必须注意的是，好的语言环境是每个人都付出努力才能营造出来的。只有每个人都讲礼貌，才能树立新风气，社会才会和谐起来。民间有句俗语，会说说得人笑，不会说说得人跳。这句话的意思是，同样的话从不同的人嘴里，以不同的方式说出来，就会产生不同的效果。由此可见，会说话的人一定处处受欢迎，而不会说话到极致的人，则是老鼠过街，人人喊打。很多时候，一句话就能改变命运，重写人生；一句话可以使仇人之间化干戈为玉帛，也能使亲人之间反目成仇。由此可见，成功也与是否会说话脱不了干系。要想在现代社会立足，就必须首先学会说话的技巧。

在职场上，人际关系对于职业生涯的影响非常深远。要想搞好人际关系，就必须会说话。当你会察言观色地和上司说话，体察上司的内心，你就能得到上司的器重；当你能够平等亲切地和同事交流，你就会拥有团结紧密的合作团队；当你与下属说话时依然和颜悦色，不卑不亢，却能清楚地表达自己的意思，下属才会发自内心地团结在你的周围。总而言之，会说话的你能把人际关系搞得非常好，让你的事业一帆风顺，马到成功。在生活中，会说话的人才能更好地与身边的人和谐相处。就算是追求一个喜爱的姑娘或者是男孩，也需要甜言蜜语，也需要用语言传情达意。从某种意义上来说，人与人的初次见面奠定了第一印象，接下来就要依靠语言的表达来推销自己。当然，直到你展示了自己的魅力，暂时吸引住对方，接下来你才有机会用事实证明自己。这就是会说话的重要性。

在办公室里，莉莉几乎是个最受欢迎的人。虽然她是今年刚刚进入公司的新人，但是她的嘴巴特别甜。当然，莉莉的嘴巴甜并非传统意义上的甜，而是她特别会说话。张大姐常开玩笑，说莉莉的嘴巴能生出花来。

有一次，张大姐的儿子放暑假，张大姐带着儿子一起来上班。莉莉看到之

后，四处逢人就说："哎呀，我们办公室里来了个小帅哥，不但人长得帅，家教也特别好，一看就是有教养的父母养育出来的孩子呢！"虽然莉莉这话是对别人说的，但是话最终还是传到了张大姐的耳朵里。听到莉莉这么夸赞自己的儿子，张大姐简直心花怒放。

还有一次，莉莉吃饭的时候和张大姐坐在一起。闲聊间，莉莉说："张大姐，我特别佩服小曲。你知道吗，她懂的特别多，但是她一点儿也不骄傲。而且她很真诚，不会假意奉承。虽然她有时候看起来有些冷冷的，但是她所有的表现都是真实的。我要向她学习。"张大姐含笑看着莉莉，说："小丫头，在你眼里和嘴巴里，有谁不好呢？"莉莉不好意思地笑了，说："我真觉得大家都很好，每个人都有很多优点。"渐渐地，办公室里的人还有其他同事，都知道莉莉是一个非常善良友好的人，全都乐意和她交朋友。

如果说眼睛是心灵的窗口，那么嘴巴则是心灵与外界的沟通管道。很多内向的人，纵使心中激情澎湃，却依然不愿意表达自己，只能把满腹心事闷在心里。有些人则特别外向，他们总是愿意说出自己的所思所想，非常坦荡。莉莉呢，从她经常夸奖别人来看，她真的非常善良积极，充满乐观的精神。她的嘴巴弘扬了别人的美，也彰显了她高贵的内心。这样的人，如何不受欢迎呢？

韦唯在《爱的奉献》中唱道："假如人人都献出一点爱，世界将变成美好的人间……"我们也要唱道："假如人人都多说一点儿美，世界将变成美好的人间……"活着原本就很辛苦，为何不多给自己寻找快乐的机会呢？！从现在开始，努力起来吧！只要你愿意，你就会发现有很多美好值得你诉说！

有些话需要点到为止

常言道，良药苦口利于病，忠言逆耳利于行。古人留下的这句训诫，至今

让很多人误以为必须声色俱厉，才能说出对他人有帮助的话。然而，如果你帮助了别人，你声色俱厉的建议被别人接受了，但是你因此而得罪了这个人，让他再见到你时横眉怒目，恨不得躲着你走。这样的结果，未免让人感到遗憾。现代社会讲究情商，很多事情都可以以迂回曲折的方式解决，包括说话，包括训诫，也都可以以委婉的方式进行。既然如此，我们为何不能以容易让他人接受的方式，来表达我们的劝诫，让他人乐于接受，还能在受益之后感谢我们呢？这样皆大欢喜的结局，岂不是更好。

常常看到有人在批评或者指责他人时，总是一遍又一遍不留情面地呵斥。这样的做法，无异于让对方丢尽脸面。即使是三岁的孩子，也会觉得无地自容。最终的结果或者是引起逆反心理，或者是导致分道扬镳。事实上，说话也要分情况，有些人自尊心很强，内心也非常明白事理，如果他只是因为一时糊涂犯错误，那么最好的方式就是点到为止。如果有的人脸皮很厚，总是一而再再而三地犯错误，即使说了很多遍也不管用，那么就应该想想除了语言之外，还有什么其他的方式可用，以督促他恢复自尊和自信，更有尊严地活着。总而言之，就算对待小孩子，也不要一味地批评，毫无分寸。很多话根本没有必要说得那么透，点到为止就好。

古人常说，一字千金，字字珠玑。这些词语都是用来形容语言的宝贵。试想，如果一个话唠整日对着你唠叨，你还会把他的话当话听吗？你只会将其当作耳边风。相反，如果一个人平日里惜字如金，偶尔对你说几句点拨的话，你一定会凝神细听，还会认真反省自己，从而更好地改进自己。这样说话，才是真正的忠言不逆耳，才能到达目的。商朝末年，商纣王非常昏庸，整日沉溺于声色。为了国家，丞相比干冒死进谏，一次、两次、三次……最终，商纣王一气之下，将其处以剖心的死刑。这样的劝谏方式，尽管表现了比干的深明大义和视死如归，却死得不值。如果比干能够采取一种更合适的方式，不但能保全自己的性命，还能让商纣王采纳他的进谏，改变昏庸的作风。当然，比干已经死了数千年，这条经验和教训，只能留给后人享用啦。很多时候，把话说得太

透，不给对方留颜面，反而会导致事与愿违的结果。聪明人不会处处咄咄逼人，而是手下留情，让对方自我反省，自我提升。

在一家宽敞的戏院里，魔术师正在专心致志地表演。只见他拿起一件空荡荡的衣服，来回展示给台下的观众们看。又突然话锋一转，从衣服里变出了一盆游来游去的金鱼。看到这样的情形，大家不由得掌声雷动。这时，坐在最靠近舞台位置的一个观众不屑一顾地说："这有什么稀奇的，他肯定是提前把金鱼藏进宽大的袖洞中的。"听到这句话的观众们纷纷议论，魔术师也听到了。

为了转移观众们的注意力，他马上开始另一个魔术。他拿出两个一分为二的铃铛，准备变出一个完整的铃铛来。这时，刚才那个好事的观众又说："他肯定会提前藏好铃铛，我们看看他是如何拿出来的。"他这一说话不要紧，又引得周围的观众伸头探脑，忘记了欣赏魔术本身，只想找出魔术师的破绽。魔术师一边不动声色地继续表演，一边想出了一个办法惩罚这个不懂分寸的观众。

他完成一出魔术后，大声说："接下来，我要表演从国外流传进来的魔术，是国际领先的。"听到魔术师这么说，观众们纷纷热情高涨，无比期待。这时，魔术师指着前排的好事观众说："这位先生，能否借您的眼镜给我用用呢？"这个好事的观众还等着揭穿魔术师呢，因此不假思索地连连点头。魔术师又问："我准备把它踩碎，您同意吗？"好事的观众依然毫不迟疑地点头同意。这时，魔术师把眼镜放到脚底下踩碎了。接着，他又向这个观众要了手机、手表等，纷纷在征得观众同意后都砸碎掉。最后，他非常从容地给观众们鞠了一躬，说："谢谢大家的观看，演出到此结束。"直到此时，那位好事的观众才意识到自己被要弄了，看着一地的碎片，想想自己已经同意了魔术师的所作所为，他欲哭无泪。

一切的魔术都只是障眼法而已，这一点很多人都明白。然而，大家依然热衷于观赏魔术表演，就是因为魔术的表演是台上一分钟，台下十年功，是一种技术，更是一门艺术。上述事例中这位好事的观众，自以为聪明，把话说得太透，影响了大家观赏魔术，也影响了魔术师的正常发挥，着实有些过分。为此，

魔术师想出了一个办法惩罚他。相信再遇到这样类似的情况时，他一定不会再咄咄逼人，自以为是了。

很多事情，我们在做的时候都要留有余地。很多话，我们在说的时候，也要留有余地。因为很多人和事，一旦看透说透，就会让人兴致索然。真正聪明的人，会把话说得恰到好处，看破而不说破，才能给自己和别人都保留更大的空间。

你应该知道的语言禁区

早在几千年前，古人就告诫我们“言多必失”“祸从口出”。的确，人的舌头几乎是身体上最灵活的部位，只需要轻轻一动，如滔滔江水般的话就会喷薄而出。正因为说话是如此简单，因此很多人都特别爱说话。殊不知，当你不假思索地说得多了，往往就会在不经意间出现失言的情况，轻则把被抓住小辫子，如果是古代陪伴在君主身侧，就很有可能因为一句话说错而掉了脑袋。当然，现代社会是思想开放、言论自由的社会，因为一句话掉脑袋的事情再也不会发生。然而，这并不意味着我们可以肆无忌惮地想说什么就说什么，反而由于社会的开放、网络的发达和信息传递的神速，我们更应该谨言慎行，不要触碰那些语言的禁区。

具体来说语言的禁区，并不能做出详细的陈述。归根结底，中国文化博大精深，有着上下几千年的悠久历史。而且，中国的汉字是表意文字，内涵丰富。由此一来，要提到语言的禁区，就必须结合某个特定时间段和当时的事件背景，还要根据当事人的身份等相关因素，才能确定应该注意些什么。简单举例来说，同样一个玩笑，和同辈的朋友开也许毫无问题，但是如果和年迈的老人开也许就会令他勃然大怒。同样的话，和健康的人说全无问题，但是如果和久病不愈

或者是大病初愈的人说，就显得不合时宜，甚至会在不知不觉间得罪人。这就是语言的细心之处，必须用心琢磨和品鉴，才能寻找最恰当适宜的语言进行交流和沟通。

浩洋和雪梅已经谈恋爱好几年了，属于爱情马拉松类型的，至今没有结婚。其实，并非浩洋不想结婚，而是雪梅的父母因为浩洋家是农村的，一直反对他们的婚事。也许是老天爷故意安排了一个机会给浩洋表现自己吧，雪梅的爸爸吴伯伯突然因为脑溢血，住进了医院。这种病在治疗前期，要绝对地卧床静养。雪梅和妈妈都是娇小型的，根本搬不动爸爸沉重的身体。请护工吧，一则花费太高，二则吴伯伯总是对护工挑三拣四，不管护工怎么做他都不满意。眼看着冲锋陷阵的机会就在眼前，浩洋怎么可能放过呢！很快，浩洋就和主管请了十天假期，自告奋勇陪护吴伯伯度过这最艰难也最关键的前十天的恢复期。

浩洋很勤快，每天都给吴伯伯擦洗，同一病房的病友们，都以为浩洋是吴伯伯的儿子呢！当得知浩洋是准女婿时，大家不由得啧啧称赞，羡慕吴伯伯找了个好女婿。十天的陪护之后，浩洋生生地掉了十斤肉，人也憔悴了许多。但是吴伯伯却心情舒畅，病情很快好转，也长胖了一些。雪梅趁机对父母说：“看看，幸亏咱家还有浩洋这个男子汉，不然真不知该怎么办呢！”此后的一个多月里，浩洋一边工作，一边抽空来医院陪护吴伯伯，还给吴伯伯做了很多好吃的。转眼之间，吴伯伯出院了，已经能够基本自理。为了庆祝，浩洋去高档饭店订了一个包间。

席间，在座的亲戚朋友都非常高兴，雪梅的父母也同意了他们的亲事。考虑到吴伯伯刚刚恢复，不能喝酒，浩洋便让服务员送一碗米饭过来。看到浩洋接过服务员手中的米饭，雪梅姑姑问：“咦，酒还没喝，怎么就要吃饭了呢！”浩洋笑笑，说：“我不吃，是伯伯要饭。”酒过三巡，浩洋有点儿喝多了。他醉眼昏花，恍惚中看到吴伯伯的座位下有一串钥匙，便口齿不清地说：“伯伯，你钥匙掉了。”说完，他低下头捡起钥匙，却发现是自己的钥匙，便一声不吭地把钥匙放进口袋里。

原本，浩洋以为这次全家人一起聚餐，他和雪梅的婚事一定板上钉钉了。谁想，雪梅第二天哭着打电话给他，说父母坚决不同意他们的亲事，雪梅爸爸还说浩洋说话太损，咒他快死。这时的浩洋，真是哑巴吃黄连，有苦说不出啊！

浩洋的经历，证实了一个真理：祸从口出。原本很高兴的事情，就因为他说话时不注意方式，导致雪梅爸爸又开始坚决反对他们的婚事。对于刚刚躲过一劫，死里逃生的雪梅爸爸，他又口齿不清地说“钥匙掉了（要死掉了）”，这绝对是老人的禁忌。就这样，到手的媳妇因为他说话的缺陷，又飞走了，不得不说是莫大的遗憾。

一个人有很多外在的表现，诸如相貌、妆容、服饰等，其中语言也是人的一张名片，能够表现出人内涵的高低。要想与人愉快地交流，我们必须在交谈之前先了解对方的相关情况和当下的状况，这样才能避免在说话时触碰到他人的禁区，导致大家不欢而散。有的人特别喜欢表现自己的博学多才，实际上就是个半吊子。还有的人看起来默默无闻，其实非常有涵养，从来不说无用的或者起到反作用的话。既然选择了与人交流，就一定要多多用心，让交谈更加愉悦。

说话要懂得尊重他人隐私

现代社会的人，除了睡觉之外，几乎一半的生命都是在办公室度过的。由此不难看出，办公室成为人生命中一个至关重要的场合。我们在办公室里奋力打拼，为社会创造价值，也为了给家庭添砖加瓦而努力，还在办公室里偶尔闲聊，提升自己八卦的功力。对于工作繁忙之后的休闲，拿明星的私事侃侃大山，也不为过。但是，如果你没有管好自己的嘴巴，以身在左邻右舍，甚至是坐在你左右两侧的同事的私事当茶喝，后果则不堪设想。

办公室里，有很多话题都可以讨论，如明星娱乐、国际大事等，或者哪家

超市打折、哪个商场甩货，唯独不能触碰的就是同事的隐私。隐私，不管在什么场合，都是一个非常敏感的话题。然而，面对工作中的伙伴、上级或者下级，还是不要涉及这个热辣辣的话题为好。归根结底，你们是因为公司提供的平台才聚集在一起，你们是在职场上打拼时志同道合的战友，也是有着独立空间和个人尊严的个体。如果把生活、工作和隐私都混为一谈，办公室则会成为噩梦开始的地方。因此，职场的老鸟们都深谙一个道理：和同事即使相处再好，也尽量不要成为朋友，更不要成为无话不谈的知己。从本质上来说，同事之间都是有利益冲突的，也许此刻没有，但是下一刻却成为了对相同职位的竞争对手。因此，不管是你掌握了别人的隐私，还是你向别人倾诉了自己的隐私，一旦匹马对阵时，这都会成为致命武器。与其如此，不如三缄其口，说什么都好，一提隐私就装聋作哑，压抑住自己强烈的好奇心，千万不要去蹚这浑水。

对职场白领来说，每天至少有 8 个小时是在办公室度过的。遇到加班的时候，在办公室的时间甚至长达十几个小时。因此，办公室是他们重要的社交场所，也是他们获取和散播各种信息的渠道。很多白领经过艰苦的打拼，明明可以有更好的前途和发展，最终却因为隐私在阴沟里翻船，失去工作，一切重头开始。不得不说，这是一个惨痛的教训，也是一个莫大的遗憾。只有能管住嘴巴的白领，才能游刃有余地畅玩职场，获得双赢。

朱莉在这家公司当行政文员已经有五年多时间了。原本，她是这次行政主管竞聘的绝佳人选，不但熟悉工作流程，也对每一位员工的情况烂熟于心。然而，她却突然辞职，离开了公司，这让大家都大跌眼镜。没过两天，内部消息流传出来了：朱莉是因为当别人的小三败露，才离开公司的。

原来，这次朱莉和她的好朋友安迪都想竞聘当行政主管。相比安迪两年多的工作经验，朱莉已经从事行政文员工作五年多了，显然更具优势。然而，就在这千钧一发的时刻，公司领导突然收到了邮件，说朱莉现在正在和一个有妇之夫同居，是个不光彩的小三。对此，公司领导非常重视，马上展开调查。果不其然，朱莉是和一个已婚男士住在一起。在朱莉迫于压力辞职之后，安迪成

功地成为公司的行政主管。对于这一切，安迪和朱莉一样明白到底是怎么回事。原来，朱莉的个人感情生活方面，只有安迪知道情况。朱莉告诉安迪，她的男朋友正在办理离婚，与妻子早就感情破裂，但是他妻子一直不愿意放了他，所以直到现在分居满两年才提起离婚诉讼。让朱莉完全想不到的是，安迪居然为了和她抢夺主管的位置，把这件事情以偷偷摸摸的方式向上司反映。她不想辩解，只是暗暗埋怨自己太傻了，居然相信了一个不该相信的人，把自己的隐私和盘托出。要知道，如果安迪不是因为这件事情，根本不是朱莉的竞争对手。

生活总是这样，以无数惨痛的教训教会人们如何保护自我，防范他人。相信经过这件事情后，不管是多么好的同事关系，朱莉也不会再将其升级为闺蜜关系了。正所谓口蜜腹剑，闺蜜的刻意陷害，是任何人都无法抵挡的。既然如此，朱莉一定不会再犯同样的错误。虽然丢掉工作让朱莉感到很难受，但使她更痛苦的是朋友的背叛。从现在开始，她一定知道如何保护自己。

很多女人都容易犯感情冲动的错误。在和同事们交流时，一旦动了感情，她们就会不计后果地说出自己苦苦掩藏的隐私。办公室里，不管是他人的隐私，还是自己的隐私，除非必要，都不要轻易提起。否则，你在办公室的生存处境就会变得特别艰难，甚至难熬。当你学会不再触碰隐私时，你的办公室奋斗之旅就离成功更近了一步！

拒绝，也要懂得掌握分寸

生活中，不乏有些人不会拒绝，每当他人有事相求时，即使能力所不及，也因为碍于面子而应承下来。这样的承诺最后往往不能兑现，反而伤害了朋友的感情，甚至导致友谊破裂。那么，再次遇到这样的情况时，我们就该义无反顾地拒绝吗？拒绝的确应当义无反顾，因为只有你根据自身情况理智地选择拒

绝，需要得到帮助的朋友才会转而求助他人，或者想其他办法。需要注意的是，拒绝也是要有分寸的。生硬的拒绝，不但让人尴尬和伤心，也会给你自己的人际关系留下阴影。聪明人不会生硬地拒绝他人，而是说出合理的理由，表达心有余而力不足的感触，或者尽心竭力地帮求助的朋友想出更合理的解决办法……诸如此类积极的方案，都能让朋友在被拒绝时不会太难过，也能感受到你真诚的心意。

有分寸地拒绝他人是有技巧的，首先，当你有实实在在的困难自顾不暇时，可以把自己的近况告诉朋友。这么做，可能会暴露你真实的生活情况，但是总比朋友误解你不愿意帮忙更好。其次，如果你只是因为怕惹麻烦不愿意多事而拒绝朋友，那么千万不要说“我不想帮你”，没有人愿意听到这句话。你完全可以找一个说得过去的理由，诸如最近手头比较紧张，没有多余的钱，或者家里老人不在，要回家带孩子，所以不能代加班等。你想出的理由应该尽量符合情理，这样即便对方知道你是在刻意拒绝，也有台阶可下，不至于太尴尬。再次，我们也时常会遇到那些不近人情的请求。例如，有些人就是非常强势，总是喜欢对人颐指气使。对于这样的请求，你可以不卑不亢地说“不”，而没有必要与其争吵，更无须争个高低。归根结底，最后不得不提醒大家的是，无论你出于何种心态拒绝他人，为了表示尊重，都应该耐心地听对方说完他的诉求，否则在不了解情况时就果断拒绝，傻子也能看出来真相是什么。当然，如果你准备与求助者老死不相往来了，大可以粗暴地说“不”。这并不明智。还需要注意的是，求助者之所以直接向你求助，就是因为不想让更多的人知道他的窘况。如果你不能给予他帮助，那么千万不要通过他人之口代为转达你的拒绝，这样做是对求助者最大的不尊重，也会给他带来极大的伤害。这一点一定要记住，因为这是人际交往的大忌。

很多时候，拒绝还发生在对对方心存爱慕之意的男孩女孩之间。对于一个喜欢自己的男孩，善良的女孩总是不知道如何拒绝。如果是一个邪恶的女孩，也许会在被追急了之后，撕破脸皮，极尽所能地挖苦对方一番。当然，还有一

种女孩非常明智，她们凭借着自己的聪明才智，完全知道如何既保全对方颜面，又恰到好处地表达清楚自己的心意。这样的女孩，即使拒绝了自己的追求者，也依然能够博得对方的尊重和喜爱，甚至与其成为朋友。思思就是这样的一个人，下面让我们一起来看看关于她的故事吧！

思思大学毕业后进入一家外资企业工作，因为工作性质的原因，经常会出国出长差。有一次，她正坐在巴黎埃菲尔铁塔附近的咖啡馆里喝咖啡，突然遇到了一个大学时代的校友董桥。在异国他乡遇到校友，思思和董桥都兴奋极了。后来，在巴黎的那几天，除了忙工作，董桥就充当向导，陪伴思思一起游览巴黎。

思思回国没多久，董桥就给她写了一封长长的E-mail，向思思表达自己的爱慕之情。一般情况下，女孩子收到这样的邮件，如果是喜欢对方就表明心意，如果不喜欢对方，就会非常为难，不知道如何拒绝。思思脑中灵机一动，想出了一个好主意。她佯装没有收到邮件，第二天给董桥打了个电话。在电话中，思思向董桥提出了一个请求，说："师哥，我有件事情还想麻烦你。"一听这话，董桥当即表示："没问题，什么事，你说吧！"思思说："是这样的，我男朋友下个月可能也要去巴黎出差。他呢，从来没去过巴黎，我想拜托你如果有时间的话，就再给他充当一次向导。"听到思思的请求，董桥心里明白了：这是思思在暗示我啊，拒绝了我的表白。既然如此，董桥也佯装从未写过那封表白的邮件，豁然说道："当然没问题，放心吧，我一定会把带你玩过的景点都再带他玩一遍。这样，你们在一起的时候也有更多可探讨的美景啦！"思思再三对学长表示感谢，他们在欢笑中结束了通话。当然，后来思思的男朋友并没有去巴黎，其实这个男朋友只是思思虚拟出来拒绝董桥的。

董桥心里清楚，思思是个很好的女孩，拒绝他也说得这么委婉。后来，思思因为工作需要又去巴黎出差，还出了点儿小麻烦，都是董桥帮忙联系律师搞定的呢！如今，思思和董桥是非常要好的朋友。

很多女孩面对男孩的喜欢，不懂得拒绝，实际上当男孩投入的感情越来越多，这种伤害也会日渐加深。当你明白自己的心意时，一定要准确地表达自己

的心意，这样才是对双方都负责的态度。不过，准确表达心意并非要生硬地拒绝，就像上述事例中的思思一样，以虚拟男朋友表明拒绝的态度，也是非常好的方式。

在生活和工作中，不管你面对的是谁，都应该学会坦诚地拒绝。与其遮遮掩掩，支支吾吾，不如坦坦荡荡。当对方感受到你的真诚，你们的友谊非但丝毫不会受到影响，反而会更加坚固和亲密。这就是拒绝的魔力。

暗示，给彼此都留下空间

舌头虽然很柔软，但却能杀人于无形。有多少人祸从口出，不经意间就因为说错话得罪人；也有很多人能够口吐莲花，把同样的话说得深入人心，让人心服口服。从此不难看出，舌头在我们的生活中扮演着至关重要的角色，除了帮助吞咽食物之外，也是我们生活中不可或缺的重要组成部分。如果舌头既能成事，也能败事，我们为何不认真钻研说话的技巧，让我们的舌头越来越灵巧，说出的话体贴入耳，帮助我们的生活一帆风顺呢？和那些沉默寡言的人相比，出口惹祸更让人心惊胆战。唯有修炼出巧舌如簧的本领，才能八面玲珑，风生水起。

关于说话的风格，大致可以分为直截了当型、委婉曲折型、意在言外型……这些不同的说话类型，并非适用于每个人。例如，有些人总是同样的错误犯几遍，还不知道悔改，那么此时此刻，应该直截了当地指出他的错误，并且彼此协商到底如何改正。再如有些人，尤其是女孩子，自尊心很强，特别爱面子，也很自觉、如果她们不经意间犯了错，完全没有必要揪着不放，也许只需要稍微加以暗示，效果就会立竿见影。这里提到暗示。顾名思义，暗示就是不明说，以隐晦的方式让对方自我反思，意识到自己的错误，从而改正。从心理学的角

度来说，暗示先打动他人的心理，使其主动反思错误，因此改正的效果比强迫好很多。而且这种方式能够顾全当事人的颜面，做到你我心中有数，别人浑然不知，也是一种非常保密的交流方式。正是因为如此，很多人进行交谈时，都喜欢使用这种方式。这样一来，当事人都有较大的回旋空间，不至于一下子把事情搞得不可收拾。

老张住在回迁房小区里，楼房的质量一般般，楼板特别薄。每天晚上，老张家楼上租房的那个小伙子，总是半夜三更才回家，回家之后还使劲地把脱掉的鞋子甩在地上，动静特别大，严重影响了老张的睡眠。尽管老张已经去物业反映好几次了，但是物业根本没人管，说人家是在自己家里的行为，物业无权干涉。思来想去，老张决定找机会自己解决这个问题。

机会很快就来了！有一次，小区里举办了一次相亲大会，即本小区的业主和亲戚朋友等，有单身的青年男女都可以参加，当然青年男女的父母也可以代替孩子们先参加，筛选一下，把把关。就在这一天，老张遇到了楼上的小伙子。当时，小伙子似乎对一个女孩非常有好感，正与对方搭讪呢！这时，老张走过去和他打招呼，并且问能否坐在同一张圆桌上休息一会儿，小伙子当然同意了。

老张有一搭没一搭地和小伙子、女孩先聊着，渐渐聊到了年轻人结婚以后是否和老人同住的问题。这时，老张抓住时机，说："我觉得年轻人最好不要和老年人同住。我给你们讲个笑话吧！从前，有个老人神经衰弱，很难入睡。每天晚上，他好不容易睡着了，住在他楼上的年轻人才刚刚下班，回家之后就发出各种声响。不过，他有一点是每天不变的，即他会把鞋子'砰——砰——！'地扔到地上。老人实在忍受不了，因为他被这扔鞋子的声音吵醒后，只能瞪着眼睛一夜到天明了。为此，他找年轻人反映了这个情况。这天晚上，老人照常听到了'砰——'的一声，他就瞪着眼睛等啊等啊，等了很长时间，也没等到那一声。他依然彻夜不眠。原来，是那个年轻人在扔了一只鞋子后，想起老人的话，因而把另一只轻轻地放在地板上了。"老张的笑话把姑娘逗得哈哈大笑，小伙子却惭愧地满脸通红。老张看在眼里，什么都没说。果不其然，从那天晚

上开始，小伙子再也不扔鞋子了。

老张很聪明，以一个小笑话暗示了小伙子的问题。小伙子也非常聪明，既然老张在他喜欢的姑娘面前为他保留形象，他自然也应该知恩图报，不再发出杂乱的声响。虽然人们在现实生活中总喜欢对别人说："有什么话你就直说吧！"然而，现实生活中，很多话直接说出来的效果未必很好。只有采取恰当的方法，说话才能事半功倍，达到预期的效果。如果老张在看到小伙子时，一不做二不休，上来就劈头盖脸地数落小伙子一通，那么事情的结果未必有现在这样圆满。也许小伙子会恼羞成怒，甚至每天晚上变本加厉。老张，正是以这样的方式避免了冲突的发生。在暗示的情况下，即使小伙子不能马上领悟和悔改，老张也可以慢慢再想其他办法圆满地解决问题。

中国文字博大精深，只要运用得当，经常能够起到意在言外的作用。与其当面碰撞，导致双方都下不来台，不如先以暗示的方式小试牛刀，这样还有很大的回旋空间。

第4章 善解人意，懂得顾及他人心理感受

很多男孩都喜欢善解人意的女孩，因为她们总是能够在最短的时间内了解他人的心思，站在对方的角度考虑问题，因而很少咄咄逼人。其实，不管是男孩还是女孩，都应该学会理解和体谅他人。尤其是在人际交往中，没有人喜欢说起话来就像打机关枪一样的人。作为一个有涵养的人，首先应该考虑他人的感受，顾全他人的颜面，即使真的遇到愤怒的事情，也会委婉地表达，不至于让自己的每句话都变成双刃剑。

察言观色，掌握对方心理

人的感情非常丰富，在生活中常常会因为各种各样的事情产生情绪的波动。倘若一个人的内心波涛汹涌，则他的表情一定会有改变。也许有人会说自己是属于喜怒不形于色的。然而，心理学家已经研究证实，内心的情绪必然会产生外在的表现。这是因为情绪和思维不同，思维可以纯粹保留在脑海中，而表面上看不出丝毫痕迹，情绪则不然，情绪除了调动神经系统之外，也一定会在表情上有所表现。

人的面部有那么多纤细的肌肉，这些肌肉在情绪的刺激下，产生各种微妙的运动。因此，如果你想了解一个人内心深处的真实想法，首先应该观察他们细微的表情变化。当然，人的表情有很多种，有一些表情是很容易就能读懂的。例如，皱眉代表发愁，噘嘴代表撒娇、嗔怪，嘴角上扬代表高兴等。这些表情，在我们的日常生活中很常见，能够很好地表达情绪。由此看来，只要成为有心人，多多了解这些表情的含义，我们就能很好地体察他人的情绪，洞悉他人的内心，也就能在交谈中更好地了解对方的心思，做到体贴入微。一旦你具备这样的本领，就能在人际交往中更好地了解他人，也能在交谈中避开对方的禁区，以最好的方式交流和沟通。

有个婆婆特别会和儿媳妇相处，即使说些为难的话，也总能说到儿媳妇心里去，让儿媳妇欢乐开怀。当然，这个婆婆还特别细心，在和儿媳妇相处时察言观色，从来不说让儿媳妇生气的话。这样一来，作为世界难题的婆媳关系迎刃而解，全家都非常和睦。

前段时间，儿子考上了美国的大学攻读博士，儿媳妇也一起随行，方便照顾。眼看着儿子媳妇已经去美国半年了，念子心切的婆婆买了机票，也飞抵了美国。看到半年未见的儿子媳妇，婆婆惊呼："哎呀，儿子啊，你长胖啦，妈妈还总担心你在美国吃不好呢！"她又看看媳妇，发现媳妇噘着嘴巴站在旁边，因而马上责怪儿子："你这家伙，自己长得这么胖，怎么把媳妇饿瘦了呢！你看看思思瘦的，真让人心疼。"听到婆婆的话，媳妇一时感动，居然向婆婆大倒苦水。她告诉婆婆："嘉豪特别懒惰，什么家务都不会做。他每天除了做学问，三饱一倒，什么心都不操。我一边上学，还要做家务，还得满世界买食材，做他喜欢吃的东西。"年轻的媳妇不知道，再开明的婆婆，也不喜欢听儿媳妇对儿子的抱怨。为此，婆婆笑着说："是啊，我养的儿子我知道。不过，他可是做对了一件事情，仅这件事情就够他享福一辈子的啦。"媳妇纳闷地问："什么事呢？"婆婆用赞许的眼光看着媳妇，说："就是娶了你这个能干的巧媳妇啊！"听到婆婆的话，媳妇开心地笑起来，似乎多少操劳和辛苦都马上烟消云散了。

亨利最近工作特别忙，几乎每天都要加班到深夜。好不容易才请下来婚假，他赶紧和未婚妻举办了简单的婚礼。然而，婚假一结束，他马上又投入工作，变成拼命三郎的状态。新婚的妻子每天晚上都等他等到睡着，又不忍心责备丈夫，因而一直默默忍耐。眼看着，这样的日子过了三个月之久，甚至把妻子的生日都忘记了。新婚妻子实在忍不住，这天晚上一直没有睡觉，而是气鼓鼓地坐在客厅的沙发上，等着亨利回家。

亨利回家之后，看到妻子面色凝重地坐在那里，心里暗暗想办法。妻子不耐烦地说："你加班到这么晚，就没有必要回这个旅馆睡觉了吧。我觉得你完全可以睡在办公室里，反正你也没有家。"亨利听出妻子话里有话，便好声好气地说："最近的确很忙，让你受委屈了。"妻子噘着嘴，似乎要哭出来，说："我可不是怕自己受委屈，你也知道现在过劳死的年轻人越来越多，我是担心你的身体。难道你天天加班就不累吗？！"亨利赶紧赔着笑脸对妻子说："我

当然很累，恨不得一头扎到床上睡过去。不过，我一想起你，就浑身充满了干劲。你知道吗，加班的日子简直太难熬了，你就是我唯一的支撑。”听到亨利的话，妻子原本紧绷的脸瞬间笑开了花。

在第一个事例中，因为察言观色，婆婆及时地掌握了媳妇的心理动态，所以才能体察媳妇的内心。因此，她在因为儿子长胖而高兴的同时，也能照顾到媳妇的情绪，及时为媳妇进行情绪疏导，还非常慷慨地夸奖了媳妇。如果世界上的每个婆婆都这么开明，也这么会说话，那么婆媳矛盾也就不复存在了。在第二个事例中，夫妻关系的相处其实和所有人际关系一样，也会因为各种各样的生活琐事发生争吵。一旦一方对另外一方产生意见，千万不要因此而吵闹。亨利无疑是个聪明的丈夫，他了解女人的心理，也观察入微，体察到了妻子当时的情绪。因此，他非但没有因为深夜回家遭到妻子埋怨而生气，反而说妻子是自己加班唯一的支撑。这样一来，妻子知道自己在亨利心目中的地位，不由得转怒为喜。这就是察言观色而把话说到别人心里的神奇魔力。它不但能够浇灭人们心头的怒火，还能把快乐带给人们。

换位思考，学会为他人着想

早在两千多年前，孔子就曾说过，己所不欲勿施于人。这句话的意思是说，你自己不想做的事情，也不要强迫别人去做。的确，没有人愿意在他人的强迫之中做事，同样的道理，我们也不应该强迫他人。要知道，每个人都有属于自己的人生，每个人都在面临不同的人生处境。很多时候，即使我们再怎么设身处地，也无法真正了解他人的感想。那么，唯有做到换位思考，才能尽量体察他人。

前文说过，人际交往中语言的交流至关重要，甚至直接决定着人际关系的

融洽程度。那么，换位思考对于人与人之间的交流有什么好处呢？你一定曾经非常羡慕那些说话一语中的的人，尤其羡慕那些说话时总是能够打动人心的人。当你悲伤时，如果有个人能把话说到你的心里去，你一定会和他成为莫逆之交。那么，你是否也想成为这样一个掌握着语言神奇魔力的人呢？要想做到这一点很简单，即在说话之前多多了解他人，换位思考，站在他人的角度考虑问题，这样才能把话说到他人心里去，一语中的。

生活中，细心的人常常发现，那些一帆风顺、条件优越的人往往很难体察到别人的困境。相反，那些饱受生活的磨难、生活在社会底层、遭遇过人生困境的人，更容易了解他人的感受，也更习惯于为他人着想。这是因为高高在上者往往不了解普通人生活的疾苦，因而也很难体谅他人。生活在社会底层的人或者生活不如意的人，自己本身就遭受了生活的很多磨难，因而在他人遇到“瓶颈”时，也更容易理解和体谅他人的感受。因此，他们更擅长于换位思考。这种人在生活中通常很受欢迎，与他们的交往和交流让人感觉很轻松，因为不管你说什么，他都能理解和接受，而不会给予你无情的嘲弄和讽刺。所以，这类人往往拥有好人缘，能够得到大家的喜爱。

在一条街上，有两家餐馆之间仅一墙之隔。不管是地段、店面还是菜品，都相差无几。然而，它们的生意却有着天壤之别。东边这家餐馆的生意特别冷清，而西边的生意则红红火火，饭点时常需要排队。对此，专门研究市场营销的李楠感到非常奇怪，决定分别去这两家餐馆吃饭，亲自体验下它们的区别。李楠首先来到了东边这家，点了几份炒菜，还要了一份汤。结果，菜的分量都很大，汤也是满满一盆，价格当然也很高。当李楠对此提出意见时，餐馆的老板说：“这位先生，我们的菜价的确不便宜，但是我们的分量很大啊。”后来，李楠又来到西边这家，照样点了几份炒菜和一份汤。结账时，价格却比旁边那家便宜了将近一半。这下子，李楠知道东家生意清淡的原因了。原来，西边这家的菜品分量和东边这家相比，大概少了 1/3，而价格却比西边这家少了将近一半。东边这家的老板要高价的原因，就是他们的菜品分量足。西边这家的菜馆呢，

分量虽然小一些，但是价格也便宜了很多，不但性价比更高，而且可以让客人花同样的钱，点更多品种的菜，不但不浪费，还奉行了节约原则。尤其是请别人吃饭时，如果200块钱在东边这家只能点四个菜，那么显然没有花同样的钱在西边这家点十个菜更有面子啊！

站在客户的角度为客户着想，花最少的钱，品尝到最多的菜，吃得更舒服惬意，请客也更有面子，何乐而不为呢！只要是聪明的客户，肯定都会选择光顾西边这家餐馆。相反，东边这家餐馆的老板自以为聪明，一份菜给更多的分量，但是价格也翻番，如此强制地把菜品推销给客户，客户当然也不是傻子，只要一比较，就立马高下分明了。经商之道，一定要老实本分。如果能够切实为客户着想，而不是想尽办法地算计客户，那么商家就能最终赚得口碑，也赚得良心钱。相反，算计客户的商家才是愚蠢的商家，因为很多客户的钱，他们只能赚个不知情。一旦客户了解情况，马上就不会再光顾，反而损失更大。

在人际交往的过程中，如果能够养成换位思考的好习惯，时时处处替他人着想，则不但是一种好习惯，更是一种美德。如果我们整个社会的大多数成员都能主动为他人考虑，那么社会就会多一份和谐与美好。即使从个人的角度来说，替他人思考也能帮助我们更好地了解他人，把话说到他人心里去，从而让沟通一语中的，事半功倍。

掌握分寸，开玩笑要看场合

作为一个外向且善良的人，总是希望自己能给大家带来无尽的快乐。因此，在适宜的场合，我们总是愿意开一开玩笑，让大家都欢乐开怀。然而，有的时候我们好心说了笑话，他人非但没有觉得好笑，反而还恼羞成怒，甚至于翻脸。这是为什么呢？原因很简单，并非所有的场合都适合开玩笑。原本，我们出于

好心，和他人开玩笑，让他人开开心，放松一下。然而，一旦我们在错误的场合开玩笑，这种善意的关怀就会变成恶意的，使对方根本不领情，还反而记恨我们。这样一来，当然就得不偿失了。那么，就从此不再开玩笑了吗？当然不是，我们不能因噎废食，正确的做法是寻找合适的时机开玩笑，切勿再不顾场合地大肆开玩笑。这样一来，我们依然可以尽情享受玩笑带来的轻松欢愉，也就不会在无形之中得罪他人了。

曾经有一件让人印象深刻的事情，至今依然让我们警醒。大概在十几年前，那时候乘飞机还是比较小频率的事情，只有重要人物或者着急的事情，人们才会选择乘坐飞机。有一天，机场正在如往常一样进行有序的安检，这时远远走过来一名年轻人，捧着一个小小的盒子。安检人员对他说："您好，先生，请把这个盒子打开接受安检。谢谢合作。"这个年轻人笑着说："亲爱的人民公仆，你一定猜不出这里装的是什么吧！我告诉你吧，这里是高强度炸药。怎么样……"年轻人还没说完，一旁的机场安保人员就已经如猛虎般扑过来，并且将其压倒在地。安保人员拿过盒子，并不敢贸然打开，尽管年轻人再三解释自己是在开玩笑，但是他们依然停止了一切航班，紧急调来专业的拆弹人员，进行炸弹拆除。最终，拆弹人员小心翼翼地打开盒子发现，里面只是一小瓶香水。此时，无数乘客滞留在机场，焦急不安地等待着。这名年轻人呢，不但误了航班，还触犯了法律，妨害公共安全。对此，他虽然懊悔不已，却依然要接受法律的制裁。即使悔青了肠子，也无济于事。这名年轻人，就是典型的不分场合开玩笑，结果给国家和他人都造成了巨大损失，也给自己的人生开了个大大的玩笑。

从这个小小的事例中我们不难看出，不分场合开玩笑的严重后果。其实，不仅仅是在公共场合不合时宜地开玩笑会造成严重后果，即使是在日常生活中，我们也要注意有分寸地开玩笑，尤其是要注意场合。否则，如果因为一个玩笑，和原本关系密切的朋友、同事反目成仇，那也太遗憾了。

李刚进入公司三年多了，算是老员工。最近，他们部门从分公司调来了一

个新同事。这个新同事是一名三十多岁的女性，已经结婚成家了。她叫魏丽，因此大家平日里都称呼她“魏姐”。年底了，公司如期举办年会，要求女士必须穿晚礼服，男士要绅士装扮，以便在舞会上尽情舞一曲。对于那些工作不久的年轻人来说，这样盛大的场面还是第一次经历。因此，他们早早地就到达酒店宴会厅，喝茶聊天，说些八卦的话题。魏姐因为家里有孩子，一直到年会还有十分钟开场时，才姗姗来迟。

正好站在靠近门口位置的李刚，看到平日里衣着朴素的魏姐盛装打扮，一席红色的晚礼服，衬托得她仿佛大明星一样，不由得脱口而出：“魏姐，你今晚可真像新娘子。”不想，李刚话音刚落，魏姐就变了脸色。她马上质疑李刚：“新娘子？你会不会说话啊,不会说话就别说。我是有家有丈夫有孩子的人了，我像个新娘子，难道我老公死了？还是我离婚了？你这么诅咒别人，有什么好处啊？！”李刚被魏姐一番抢白，不由得面红耳赤，一时之间也不知道该说什么。旁边的人见势不妙，赶紧让李刚走开了，还有女同事则小声劝说魏姐不要生气，说李刚年轻不会说话什么的。很久，魏姐才止住愤怒，但是年会已经过半了，她没有心情用餐和参加舞会，扫兴地离开了。

尽管李刚后来又给魏姐正式道歉了，但是从那以后，魏姐对李刚总是心怀芥蒂。无奈之下，李刚只好申请调到销售部门，避免和魏姐低头不见抬头见的，觉得尴尬。

在这个事例中，李刚原本只是想和魏姐开玩笑。不想，平日里衣着朴素的魏姐，穿着晚礼服原本就觉得不好意思，又被李刚一说，还以为李刚是故意挖苦讽刺她呢，因而勃然大怒，反应过激。其实，对于年轻的李刚来说，原本就应该尊重已经成家的魏姐，不要轻易与其开玩笑。尤其是，当时是在年会上，几乎全公司员工都在场，影响更是恶劣。倘若李刚能够开个轻松点儿的玩笑，不要这么突兀，也许事情就不会这么糟糕了。

朋友们，你们在生活中是否也经常和身边的人开玩笑呢？有了李刚的经历作为教训，我们每个人在开玩笑时都应该注意时间和场合，不要为了一时的

口头痛快，却惹得他人不高兴，那就得不偿失了。而且，开玩笑也要分人。有些人天生一本正经，即使别人和他们开玩笑，他们也会当真。对于这样的人，开玩笑一定要慎之又慎，非必要情况下最好不要与他们开玩笑，从而避免出现尴尬。

安慰和建议要中肯实用

现代社会，生活压力越来越大，工作节奏越来越快，人们彼此之间的交往除了必需的，已经极大幅度地减少。在这样的情况下，人情也越来越淡漠。如果我们有幸拥有真心相爱的爱人，拥有志同道合、不离不弃的朋友，那么一定要非常珍惜。尤其是在职场上，在竞争比较强的行业，很多同事之间钩心斗角，面和心不合。毫无疑问，这样的生活让无数人感到窒息。相比起几十年前，同一个单位的同事，一家有难，家家支援，而现在人心简直支离破碎。虽然如此，我们却不能放弃。归根结底，人活着，是因为感情，因为爱，而不是因为金钱、物质、名利和权势。认识到这一点之后，我们应该努力地去爱和帮助他人，营造良好的生活和工作氛围，这样才能渐渐改变大的环境，为自己创造一个充满爱的生活圈子。

人和人之间，只有真情能够打动彼此的心。通常情况下，如果你想要安慰一个人，一定不要敷衍了事。因为当你说出那些空泛的话时，对方一定会感知到你是否付出了真心。从这个角度来看，那些毫无意义的空话大话，根本无法打动人心，也是无用的。相反，假如你们真的发自内心地想要安慰一个人，有的时候未必需要说多少话，可能一个眼神就能传达情意。即使说话，也会说些细致入微的话来表达情意，而不会说些空话大话。举例而言，每个母亲都是最爱孩子的，当孩子生病了，母亲不会告诉孩子“人生病是自然规律，没关系”，

而是端茶递水地照顾孩子，安慰孩子："你要按时吃药，才能强健身体。"这些不同的话中，往往蕴含着不同程度的感情，敏感的心一定会觉察到。在朋友之间，当朋友遇到难题时，如果你只会在一旁说"我完全理解你的感受""我知道你很难过，但是你要坚强"等诸如此类的话，那么朋友就会知道他对你而言无关紧要。如果面对一个特别要好的朋友，你也许会训斥他："别再睡觉了，赶紧起床跟我去跑步。你继续睡下去，都成睡美人了。跑完步回来，我给你煮饺子，饱饱地吃上一顿。"或者，当对方遇到难题，你会费尽心思地想办法，尽量给予其合理的建议，帮助他解决问题。这才是真正的朋友间的关心和分担。这些话，才能真正打动他人的心，温暖他人的心。

苗苗和慧娟是同事，也因为性格相投，成了朋友。有段时间，苗苗的妈妈因为车祸，意外丧生，苗苗沉浸在失去母亲的痛苦中，简直痛不欲生。同事们知道后，纷纷安慰苗苗节哀顺变，慧娟也和苗苗说："苗苗，我知道你一定很痛苦。我理解你的感受，每个人都最爱自己的妈妈。你要控制自己，毕竟妈妈在天堂一定希望看到你好好的。"接连几日，尽管慧娟时常安慰苗苗，却依然是翻来覆去的这么几句话。后来，得知苗苗遇到了这么沉重的打击，她远在外地的好友乔乔赶到苗苗所在的城市，对心力交瘁的苗苗说："走吧，跟我走！"说完，乔乔就拉起苗苗，把她带到了一家饭店。

乔乔点了苗苗最爱吃的回锅肉、小炒肉、水煮鱼、毛血旺等。看着一大桌子菜，苗苗眼眶湿润了，说："乔乔，你和妈妈一样了解我。但是，她再也吃不到这些东西啦。"说完，苗苗大哭起来。乔乔一声不吭，就那样默默地拥抱着苗苗，让她哭了个够。然后，乔乔说："好了，你哭也哭完了，现在吃饭。吃完了，要是想哭，就再继续哭。妈妈走了，不哭个天昏地暗，怎么能走得出来呢！我就陪着你，直到你哭够为止。"乔乔的这句话，让好不容易止住眼泪的苗苗再次潸然泪下。最终，她在乔乔的劝说下吃了很多东西。她知道，这是妈妈最高兴看到的。

为了帮助苗苗走出困境，乔乔给她报名参加了函授本科课程。乔乔说："妈

妈在的时候，就一直想让你考个本科文凭。现在考也不晚，等拿到文凭了，去和妈妈说一声。从现在开始，你要为妈妈好好活着，好好享受人生。这样，你才对得起妈妈一生含辛茹苦地把你养大。”乔乔整整陪伴了苗苗一个星期才离开。果然，苗苗调整了情绪，尽管依然思念妈妈，却知道不能伤害自己，否则妈妈一定会伤心。让慧娟疑惑的是，从那以后，苗苗和她的关系似乎疏远了。她们之间的交往仅限于普通同事，苗苗似乎再也不把她当好朋友了。

尽管苗苗伤心欲绝，她也知道慧娟安慰她的话都是泛泛之词。她既可以把这些话说给苗苗听，也可以说给其他任何一个人听，是根本无须经过思考的客套话。这件事情让苗苗知道了自己在慧娟心目中的分量，她告诉自己，她不再需要虚伪的朋友。她宁愿慧娟作为一个普通同事和她说那些客套的安慰话，她反而会感激不尽。

人心，是有温度的。当心贴着心的时候，我们很容易就能感受到外界的温度。就像人们常说的那样，人心是掺不得任何假的。只有真心才能与真心相对，虚情假意只会毫无收获。尤其是与我们至亲至爱的人在一起，我们更要多付出一些，才能得到对方真诚的回馈。

适当满足对方的“虚荣心”

每个人都有虚荣心，只不过有些人能够控制住自己的虚荣心，不被虚荣心捆绑；有些人在虚荣心的奴役下生活，总是被虚荣心牵着鼻子走，最终失去自我。通常情况下，当说一个成人虚荣心特别强时，往往带着一些贬义。当说一个小孩子虚荣心很强时，则说明那个孩子上进心很强。对于孩子而言，他们的虚荣心无非就是想获得更多的进步，想得到父母或者老师的称赞，也想得到小伙伴们的羡慕。实际上，偶尔成人的虚荣心也会表现出孩子的特点。在这种情

况下，如果能够适当满足成人的虚荣心，也许就能顺利征服他，让他对你心服口服，从而理智地采纳你的意见或者建议。

现代社会物质极为丰富，生活水平越来越高，因而人们的欲望也越来越多。现实生活中，几乎一切的东西都可以拿来攀比，诸如孩子的学习成绩、老公的身高、公婆的收入、房子的大小，等等。这些都成了满足人们虚荣心的筹码，不停地在天平上出现。正因为这样频繁地比较，很多原本是朋友的人，因为生活得不如意，渐渐疏远了对方，把自己囚禁在狭小的空间内。还有些人在攀比的过程中互不相让，最终反目成仇。不得不说，当友谊因为虚荣心的驾驭而失去航向，最终触礁时，简直太遗憾了。如果你面对的交谈对象也恰巧是一个虚荣心很强的人，在不危害他人的情况下，为什么非要与其针锋相对呢？假如你能试着迎合对方，适当满足对方的虚荣心，也许很多难题就会迎刃而解，对方也会更加信任你，信服你。

张娜是一家汽车公司的销售人员。这天，她接待了一个看车的顾客。这位顾客大概 40 岁左右，是一名女性，穿着非常普通。经过一番闲谈，张娜得知这位顾客是一名家庭妇女，每日就负责在家做做家务，练练瑜伽，倒也逍遥自在。得知顾客姓董，张娜便称呼她为董姐。

董姐初次过来看车，只是匆匆走马观花，就走了。没过多久，张娜打电话给她进行回访，她漫不经心地说："哎哟，你是小张啊。你看，我这几天忙着在做美容，逛商场，你要是不给我打电话，我都把买车的事情忘记了。"原本，张娜很想说："你的心也太大了，买车居然还会忘记。"但是，她一想到顾客是全职家庭主妇，平日里一定很少有机会实现自我价值，而且也非常孤独寂寞。因此，张娜咽下了这原本要说的话，以温和的声音回应董姐："董姐，没关系的，你什么时候有空就过来，提前告诉我，我一定等着你。"直到半个月之后，董姐才又带着几个女性朋友来到汽车公司，而且也没有提前通知张娜。得知董姐到了，原本休息的张娜临时打车赶到单位，热情接待董姐和她的朋友们。董姐对朋友们说："这就是小张，我和你们说过的。她服务态度特别好，你们要

是买车，都来找她。”说完，董姐又装腔作势地对张娜说：“小张，你可别小看我这些朋友，她们个个都是富婆。”张娜笑着说：“董姐，您就算不说，我也不敢怠慢啊。我第一次见您，就觉得您气质高雅，料定不是凡人。果然，今天再看您这些朋友，每个人都是那么不同凡响。您放心吧，我一定竭诚为每一位姐姐服务。”张娜的话让董姐开心极了，她和姐妹们在张娜的接待下，看了几款车，又离开了。

没过几天，董姐就给张娜打电话，说要来交钱定车。原本对董姐觉得希望渺茫的张娜，感到非常意外。后来，董姐才对张娜说：“小张，你是我见到的最有涵养的销售员，而且很捧我的面子。尤其是我上次带朋友来的时候，她们都说我运气好，遇到你这样像朋友一样的销售。你不知道，我去好几家汽车销售公司看过车，那些销售员不是对人爱搭不理，就是说话阴阳怪气。你放心吧，以后只要是我认识的人买车，我都介绍给你。”张娜很清楚，她之所以能够赢得董姐的认可，就是因为她始终真诚地为董姐服务，而且还趁机满足了董姐小小的虚荣心。

在这个事例中，董姐就是典型的家庭妇女。虽然有点儿钱，但是也算不上富太太，又因为虚荣心强，总想得到别人的吹捧。殊不知，如今的很多销售人员也是很有辨识能力的，尤其是汽车的销售人员，常常和有钱人打交道，不管自己有钱没钱，一般的有钱人还不被他们放在眼里呢。这也是董姐看车时处处碰壁的原因。幸好，张娜按捺住自己的冲动，始终保持礼貌和理智与董姐交流，最终在给足董姐面子之后，赢得了董姐的青睐。

朋友们，我们在生活中一定也经常遇到有虚荣心的人，而且难免还会需要和他们打交道。实际上，虚荣心并非像我们想的那样罪大恶极，而是人心理上的一种正常需求。人，总是需要心理平衡的。尤其是对于很多心理空虚的人来说，当虚荣心得到满足，心理也就获得了平衡。这么说来，你们一定知道如何和虚荣心强的人打交道了吧！如果满足他人的虚荣心并不会让我们有很大的损失，我们为何不做个顺水人情，让大家皆大欢喜呢！

委婉动听的话语最有说服力

生活中总会遇到各种各样的意外发生，这些意外之中，有的是惊吓，有的是惊喜。面对惊喜，每个人也许还能承受，但是面对惊吓，尤其是突然降临的天灾人祸，只怕人们脆弱的心灵就很难承受了。这个时候，往往需要爱人、亲人、朋友等给予最真切的安慰，才能帮助我们尽快从惊吓、悲痛中解脱出来，继续一往无前，勇敢前行。

不管面对怎样挫折的人生境遇，平静都是最终应该采取的态度。也许在灾难或者惊吓刚刚降临时，我们会情不自禁地悲伤、绝望，然而时间是抚平伤口的最好方式。当时间流转，光阴荏苒，你会渐渐地恢复平静，在平静中独自舔舐伤口。当然，最幸运的是莫过于在灾难发生时，有至亲至爱的人守护在我们的身边。他们平静宽和的话语，会给予我们最神奇的安慰，帮助我们从灾难中缓过神来，慢慢疗伤。

然而，现实生活中，有些人在安慰他人时，总是比当事人更加情绪激动，并且美其名曰是在帮助当事人发泄情绪。殊不知，这样的帮助并不能使当事人感到安慰，并不能帮助他们抚平创伤，而只会让他们的情绪更加激动，甚至失控。这样的情形，显然没有人愿意看到。真正明智的做法，是在他人激动或者悲痛欲绝时，能够保持冷静，或者给予对方一个温暖的拥抱，或者给予对方一双默默倾听的耳朵，或者给予对方理解的眼神……诸如此类的安静之举，都能尽快帮助对方恢复理智和冷静。任何时候，冲动只会使事情更糟糕，否则人们也不会说冲动是魔鬼。只有冷静和理智，才能让我们彻底解决问题。那么，作为安慰他人的人，最好的语言应该是宽和平静的。情绪，是有感染力的。当你足够冷静地面对一个激动不安的人，他也会受到感染，渐渐安静下来。如果再辅以平静的话语，对方则更容易恢复理智，不再慌乱。

在一次车祸中，刚刚复员回家的海星失去了双腿。对于一个二十出头、生

命的画卷才刚刚展开的年轻人而言，这无疑是致命的打击。整整昏迷了三天，海星才醒过来。他还没有意识到自己失去了双腿，直到他尝试着坐起来。然而，他感觉不到双腿的存在。在摸不到双腿的那一刻，他恍若遭遇晴天霹雳，整个人都傻掉了。他发疯一般地摔打东西，恨不得把自己也从床上摔打到地上。然而，一切都太糟糕了。妈妈守着他，哭得撕心裂肺，就像天塌了。看着妈妈崩溃的样子，海星想到了死。妈妈的哭也让他更加发狂，是的，一切全完了。最终，还是赶来的大哥喊了医生过来给他打了镇静剂，他才恢复平静。

事后，大哥严肃地批评了妈妈。大哥对妈妈说："妈，我知道您很心疼海星。但是，现在这样的时刻，您千万不能在海星面前表现出失控的样子。否则，海星就很难熬过这一关了。"妈妈听从了大儿子的建议，再次出现在海星面前时，她平静了许多。对于海星的沉默，妈妈说："儿子，人这一辈子不可能凡事都一帆风顺。人有旦夕祸福，这都是命。你放心吧，妈妈就算砸锅卖铁，也会给你安装假肢的。医生都说了，安装假肢之后行走基本和正常人差不多。你只要活着，比什么都好。"海星依然一声不吭，陷入了无边的沉默。妈妈就这样陪伴着海星，每隔一段时间，就和海星说些宽慰的话。妈妈那么平静，让海星也在不知不觉间接受了这个事实。如今的海星，只希望自己尽快恢复体能，装上假肢，那么就依然可以实现自己的梦想，开拓自己的人生。

因为妈妈的歇斯底里，海星的情绪彻底失控，甚至想到结束生命。幸好大哥及时赶来，让医生给海星注射了镇静剂，海星才暂时恢复平静。在大哥的劝说下，妈妈不再那么激动地面对海星。最终，妈妈的平静与接纳，也给予了海星活下去的勇气。

事情就是这样，在我们毫无预料的时候，就那么没有任何征兆地发生了。对于这样的事情，我们只能接受，否则越排斥就越痛苦。没有人的人生是完美的，就像这个世界上不曾存在过任何一片完美的树叶，更何况是瞬息万变的人生呢？！当我们遭遇坎坷和困境，唯一能帮助我们渡过难关的，就是时间。就让时间在平静中流淌，成为修复创伤的良药吧。 切，都终将成为历史。

第5章
口吐莲花，学会委婉巧妙对待问题

喜欢读金庸的人，都羡慕那些武林高手，能如水上飞一般，蜻蜓点水地就过了宽阔的水面。在少年时的梦里，我们也曾如此身轻如燕。其实，轻功并不仅仅在于脚上，也可以用在嘴上。对于现代职场人士而言，如果会口舌上的轻功，就一定能叱咤职场。尤其是面对那些尖锐的问题，倘若能避重就轻，往往能够起到意想不到的效果。

了解他人，选择最合适的提问方式

当我们对一个人肆无忌惮的时候，一定是我们心里对其满不在乎的时候。我们既不在乎他的悲喜，也不在乎她是否会受到伤害，所以才会无所顾忌地只图口舌之快，想说什么就说什么。这样的做法其实并不适宜，因为不管对方是我们的好朋友、挚爱的人，还是普通同事，语言都在很大程度上决定了人际交往的效果。即便只是陌生人，在这个越来越烦躁的社会中，突发的伤害每天都在发生，与其对人恶言恶语，还不如对人好言好语。曾经网络上流传着一个新闻，一个男子因为和一个推着婴儿车的女人产生冲突，最终愤怒地摔死了婴儿。无论事情最初的起因是什么，在最后的那一刻，女人一定懊悔不已，恨自己不该激怒这个丧心病狂的男子。然而，世界上根本没有后悔药可买。很多事情一旦发生，就是永远的遗憾和心痛。当然，这个是在陌生人之间发生的事情。其实，在熟悉的人之间也是如此。感情就像是一面镜子，一旦摔碎，即使再次黏合起来，也无法完好如初。因此，在面对我们身边的人时，我们更应该学会友好地表达。

从心理学的角度来说，当我们心里有一个人的时候，我们就会在乎他的感受，因而也就会对自己的言行举止有所收敛。就像是母亲，每一个年轻的女子在做了妈妈之后，一定都会变成母亲。这是因为，她们原本沉睡的母爱，在见到孩子的那一刻，就会情不自禁地流淌出来。这是发自心底的真性情，无法掩饰，也无须矫饰。面对纯真娇嫩的婴儿，原本年轻的、毛手毛脚的女孩，一定会变得充满母爱，甚至连说话都变得温柔无比。这就是爱的美丽。当我们面对

尖锐的问题时，如果一时之间找不到最好的方式提问，不妨想想自己对他的感情和爱。如果你真的珍惜一个人，你就不会忍心以最尖酸刻薄的语言向他提问。

自从结婚以后，原本和谐恩爱的丽丽和薛刚，简直成了冤家。原来，丽丽从小就在父母的娇生惯养下长大，很少替他人考虑问题。恋爱时，一向都是薛刚照顾丽丽，丽丽就像是个骄横的公主。然而，如今结婚了，薛刚既要忙工作，又要照顾家庭，根本没有时间再像以前那样哄着丽丽开心。偶尔丽丽感到烦恼的时候，薛刚就会很不耐烦。对于薛刚的改变，丽丽气愤地说："哼，男人都是大骗子。把女人哄到手，就再也不珍惜啦！"

有一次，因为薛刚的职场评选失败了，丽丽居然对薛刚说了狠话："我眼瞎了才会找了个你这样的男人，你看看娜娜的老公，不但人长得帅，还能挣钱。你呢，你就是无能，就是窝囊！你说说，你准备怎么开展事业？"莉莉说完这话，薛刚生气地摔门而出，非但没有回答丽丽的问题，反而扔下一句话："离婚，你看谁好就找谁去！"丽丽哭着回了娘家。得知丽丽和薛刚闹矛盾的始末，爸爸生气地斥责丽丽："你这个孩子，就是被我和你妈妈惯坏了。你这样说话，薛刚一定觉得你不爱他。不然，你就不会说这样的混账话。"丽丽委屈地说："我怎么不爱他呀，我这是恨铁不成钢。我只不过是在说气话，谁知道他就当真了呢！"爸爸无奈地说："你呀，根本不懂什么叫爱。我和你妈妈一起生活了一辈子，不管发生什么事情，你妈妈绝对不会这样说我。因为她爱我，她不忍心伤害我。尤其是夫妻之间，更需要尊重、理解和体谅。你的提问，不是提问，而是质疑，更不像面对丈夫，而像是在数落一个年幼无知的孩子。"爸爸的话让丽丽陷入了沉思。丽丽这才想起，有的时候她惹薛刚生气，不管多么严重，薛刚都不会说让她伤心的话。她不由得懊悔起来，思来想去，乖乖地回到家里，给薛刚做了一桌子丰盛的晚餐。薛刚下班回家，看到丽丽，依然不理睬她。丽丽主动和薛刚认错，说："亲爱的，对不起。我知道错了，我不该那么说你。我不是不爱你，只是还没有学会表达爱的方式。你放心吧，以后在我生气发狠之前，我一定告诉自己是爱你的，然后三思而行。"听了丽丽真诚的道

歉，薛刚才转怒为喜，笑着说："傻瓜，以后咱们再也不吵架了。"

爱是无法掩饰的。真正的爱，扎根在心里，只有更好地爱对方，才能改变自己粗鲁的语言，与对方实现真正友好的交流。就像丽丽，她一直都在父母的宠爱和呵护下成长，根本不知道如何去爱别人。她之前的爱，就是索取。直到和薛刚吵架回家，在父亲的教导下，她才意识到自己的错误。相信，在丽丽真正让薛刚住在她的心里之后，就不会这么无所顾忌地口出恶言了。

每个人在社会上生存，都要和形形色色的人打交道。不管我们面对的是谁，都应该先想一想对方是否扎根在我们的心里，只有这样，我们才能控制住冲动，三思而后言。唯有如此，我们的人际关系才会越来越和谐。

说话具体，让对方回答问题无压力

在回答他人问题时，倘若我们对问题不了解或者不熟悉，抑或是不愿意做出回答，那么我们往往会采取含糊其词的方式，或者顾左右而言他，或者干脆拒绝回答。这种情况下，我们一定在心里暗暗地想：这个人怎么回事，居然问这种幼稚且难以回答的问题。的确，提问题是有技巧的。一个好的问题，能够诱导他人进行深入思考，有的时候还能起到抛砖引玉的作用。相反，一个不好的问题，则总是让人如鲠在喉，不知道该如何回答，甚至还会恼羞成怒，觉得对方是在故意刁难。为此，要想与他人愉快地交谈，我们除了要真诚、友善之外，还应该学会提问。

提问的方式有很多，诸如开放式提问、封闭式提问、可选择的提问、特定的提问等。顾名思义，开放式提问的回答非常广泛，可以任由回答问题的人天马行空。但是，对于有些人来说，往往会觉得这样的问题很难回答，因为他们缺乏必要的引导，思路过于发散。那么，这种情况下不如选择封闭式提问。所

谓封闭式提问，即问题非常明确，如回答“是”“不是”“能”“不能”等。此外，可选择的提问，答案就在问题里，诸如你喜欢西瓜还是苹果，那么你的答案只能是西瓜或者苹果。什么叫半特定的提问呢？即答案是唯一的。例如，你的工作是什么？总而言之，我们必须根据对象的不同，提出最合适的问题。尤其是在使用开放式提问时，要想使对方回答起来更加轻松，就应该尽量把问题描述得具体些。诸如，我们问一个外国人：“你觉得中国怎么样？”这样的问题，对于不太了解中国的外国人来说，实在是过于宽泛。他们根本不知道从何说起，是说中国的环境卫生，还是美食，还是风土人情。假如换一种方式提问，如问：“您觉得中国的食物好吃吗？和西方比口味上有什么不同？”这时，吃惯了单调寡味的西餐的外国人，一定会对中国的饺子、火锅等独具特色的食物，赞不绝口。甚至，他还会以美食家的身份和你一起探讨呢！这就是提问的艺术。这样的问题非但不会让人觉得无从回答，反而还会让人觉得有说不完的话，就像打开了话匣子一样变得滔滔不绝。

一次酒会，面对着那么多不认识的人，说着不咸不淡的客套话，旭旭觉得无聊极了。她甚至想早点逃回家去，洗个热水澡，然后好好看一部大片。然而，这是她的工作，老板还没走呢，她这个助理也半步不能离开。后来，旭旭与一个坐在角落里同样落落寡欢的年轻男士聊了起来。原本，旭旭和这位男士并不相识，不过看到他带着一枚印第安土著风格的胸花，便上前搭讪。旭旭友好地说：“您好，您的胸花非常特别，简直让人耳目一新。”男士也友好地向旭旭表示感谢，说：“您也喜欢这种风格的吗？”旭旭点点头，说：“它有着原始森林的气息，让人感到狂野不羁，又很拙朴。”男士听到这句话，不由得眼前一亮。原本，对于旭旭的夸赞，他以为是刻意恭维，现在看来旭旭是真的领悟了这枚胸花的真谛，他不由得对旭旭刮目相看。旭旭又问：“您去过非洲吗？”男士被旭旭的提问激发起了谈话的兴致，他们居然从非洲谈到美洲，又从美洲到达欧洲，最后还说起了无比熟悉又非常陌生的亚洲。不知不觉间，大厅里的客人渐渐散去，旭旭才意识到该回家了。她意犹未尽地站起身来和男士告别，

男士非常有礼貌地向旭旭要了个电话，留下了联系方式。旭旭高兴地说：“和您聊天非常愉快，您见多识广，敏捷睿智。”男士笑了，说：“其实，更应该说您很会聊天，您所提问的每一个问题，都让我马上涌出很多话想说。”从此，旭旭与男士成为了好朋友。经过几年的交往，他们居然携手走进了婚姻的殿堂，谁让他们在一起时总有说不完的话呢！

在这个事例中，男士之所以从落落寡欢，到非常健谈，就是因为旭旭非常善于提问。旭旭的问题总是问得恰到好处，既不会宽泛得让人无从作答，根本摸不着头脑，也不会具体得让人只需要回答一两个字。在旭旭的提问下，男士也度过了一个非常愉快的夜晚。对于这样一个会聊天的女伴，他自然不愿意错过了。

每个人每天都要说话，即使是哑巴，也要采取其他的方式与人交流。在现实生活中，交流是头等大事，让每个人都无处可逃。如何交流，才能达到最好的效果，从而帮助人际关系的处理，这是每个人都非常想知道的。其实，我们不但要学会真诚地回答他人的问题，也要学会借助于这些具体生动的问题，打开他人的话匣子，从而才能走进他人的心里。

委婉提问，让谈话氛围更愉快

不管以怎样的方式提问，有些问题的本质都是非常尖锐的。那么，在采取合适的提问方式后，我们又该如何为问题的尖锐本质改头换面呢？要知道，假如问题过于尖锐，就会马上导致对方提高警惕，自然也就不会放松地给出最真实的答案。要想避免对方产生警惕心理，最好的方式就是给这些问题化化妆，使其说起来轻松，听起来愉悦，从而回答起来也比较圆满。

也许有人会说，生活中有哪些尖锐的问题呢？只有直截了当，才能开门见

山，一语中的。的确，直截了当是可以开门见山，但是未必能够一语中的。试想，当对方听到你的提问，已经慌慌张张地关闭了心门，你还去哪里寻找真相和真实的答案呢？唯有更好地提问，让尖锐的内容听起来不那么刺耳，对方才有可能耐心地给出答案，也能够说出心底里想说的话。

对于女儿的早恋问题，妈妈想了很久，都不知道如何提起。归根结底，女儿才刚刚 16 岁，正在读初中三年级，是个关键时期。说得重了，女儿容易起逆反心理，反而导致事与愿违，使女儿变本加厉；不说呢，又担心女儿迷途不知返，耽误了这初三的一年，影响升入重点高中的大事情。思来想去，妈妈终于想出了这样一个办法。

这天是周末，妈妈带着女儿一起逛商场，想给女儿买条漂亮的裙子。母女俩一边走一边聊天，就像是一对姐妹花。在一家店铺前，女儿正在挑选裙子，店主问妈妈：“大姐，这是你妹妹吧？”妈妈笑着说：“哪里是妹妹哟，是我的女儿啊！”店主惊讶地说：“您看起来这么年轻，都有这么大的女儿了啊！真是看不出来！”女儿换好衣服，听到这话高兴地说：“我妈妈是不老的仙女！”妈妈和女儿手挽着手，笑着离开了。

妈妈说：“宝贝，妈妈请你吃冰激凌吧！”在甜品店，母女俩相对而坐。女儿说：“妈妈，你看你多么年轻，人家都以为你是我姐姐呢！不过，这也说明我的确是长大了。”妈妈笑着说：“是啊，你长大了，我也老了。在我像你这么大的时候啊，也和你一样漂亮青春。告诉你个小秘密吧！”听说妈妈有小秘密，女儿赶紧伸长耳朵，准备侧耳倾听。妈妈小声说：“妈妈像你这么大的时候，都已经有男生追求了呢！”女儿很兴奋：“真的吗？那你有没有早恋？”妈妈嗔怪地说：“你可真是明知故问啊，都知道是早恋，还问我有没有恋？我当然没有早恋啦，要不然怎么可能以优异的成绩考上北大，认识你爸爸呢？！这会儿，也就不是你这个机灵鬼和我坐在这里吃冰激凌啦！”女儿一边点头一边沉思，妈妈语重心长地说：“想想也是，人生是很奇怪的，一个小细节的改变，都会导致全盘都不一样了。假如我当时早恋了，我的人生一定不是这个样

子。你还记得你三姨吗？当时，她就是因为早恋，不小心怀孕，才辍学结婚的。否则，以她的学习成绩，现在很有可能远远超过我呢！”听了妈妈的话，女儿有些脸红了。妈妈继续装作不知情地说：“当时，我也和你一样觉得自己已经长大了。然而，到了我这个年纪再看，那会儿真的还是少不更事呢！其实，大学里谈恋爱才是最幸福也最甜蜜的。当时，我认识了你爸爸，大学时间相对自由，我们一起去图书馆读书，一起上自习，还一起出去旅游，招来同学们多少羡慕的眼光啊。你知道吗，大学时期的恋爱是让人羡慕的，根本不像那些早恋的人一样遮遮掩掩，提心吊胆。所以，大学的恋爱是享受，早恋却是受罪。一旦影响学习，还会付出惨重的代价。宝贝，你对早恋是怎么看的呢？”女儿红着脸，笑着说：“哎呀，妈妈，我还小呢，你这么问我会害羞的。我也要像你和爸爸一样，进了大学再尽情地享受恋爱。”听到女儿的回答，妈妈满意地笑了。

对于早恋的问题，一直是家有青春期孩子的父母最担心的问题，也是最难以面对的问题。正如歌德所说，哪个少女不怀春，哪个少男不钟情。只有更好地引导孩子展开对于早恋问题的思考，爸爸妈妈才能及时掌握孩子的心理动态，做到早知道，早预防。然而，预防却不是粗暴地干涉，否则就会导致孩子从一个极端走向另一个极端。我们也应该学习事例中妈妈的做法，就像朋友一样与孩子交流，最终再把尖锐的问题以最愉快的方式抛出来，引发孩子的思考。

对于生活中的很多尖锐问题，我们都不必要走极端。只有以愉快的方式提出问题，才能得到最佳答案。不仅仅是早恋问题，其他很多问题，都可以在面对不同的交流对象时，以委婉的方式提出来，促进交流。

小心提问，避免触及他人的忌讳

问题提得好，就像是著名的主持人一样，总能引导嘉宾说些不常说的真心

话，提升访问节目的档次和含金量。其实，我们在向他人提问时，不妨也把自己想成访谈类节目的主持人，努力思考如何提问，才能让对方消除戒备，打开心扉，畅所欲言。与此相反，假如问题提得不好，就会导致对方马上关闭心门，再也闭口不言。或者即使继续说下去，也是些没有什么含义的客套话，让人听了索然无味，也无法达到交谈的目的。这就要求我们提问时要非常小心，三思之后再提问。

提问需要注意哪些事项呢？首先，不要随意问及对方的隐私。隐私，是完全属于个人的信息。对于个人而言，想说的时候自然会说，不想说的时候别人也打探不出来，因此提问隐私无异于自找难堪。其次，不要提起别人的短处，尤其是不要嘲讽他人。每个人都有优点和缺点，有些人总是以别人的缺点为借口，趁机嘲讽他人。殊不知，这样的嘲笑和讽刺，一定会使他人对你心怀戒备，甚至对你的人品产生怀疑。最后，提问时，最好不要加上主观评价。任何事情，每个人在做决定时，都有自己的出发点和苦衷。倘若在提问时，不是就事论事，而是肆意地加上从自身观点和角度出发做出的评价，甚至是批评，那么对方一定不愿意再和一个主观的人继续深入交谈。由此一来，交谈也就戛然而止。相比之下，一个明智的提问者，一定会尊重他人的人格、隐私和情感，也会抛开自己个人的成见，与对方尽量做到客观地交流。很多时候，我们之所以提问，只是想了解真相，而不是妄自评论。也只有真正了解真相，才有可能在此后与对方展开讨论，或者给出可行性建议。否则，一旦不小心刺激对方关闭心门，就再无任何继续的可能。

眼看着小童已经 28 岁了，却还没有女朋友，张大妈非常着急，简直心急如焚。在张大妈的催促下，小童终于说："好啦，好啦，不要催促啦，我会把你儿媳妇带回家的。"听到儿子这么说，张大妈简直乐开了花。这个周五，小童通知张大妈："妈妈，我周六带女朋友来吃饭，你简单准备下吧。"这个消息简直让张大妈欣喜若狂，她不但一大早就去早市买了很多好吃的回来，还把家里好好地打扫了一番。

周六上午，快到十一点时，小童才带着女朋友姗姗来迟。这时，张大妈已经在厨房里忙活了好几个小时了。然而，在看到小童女朋友时，张大妈的心突然冰凉冰凉的。原来，小童带回来的女孩虽然皮肤白皙，但是身高只有140多厘米，而且手脚都很小，说是南方人，都身材娇小。这对于土生土长的北京人张大妈来说，简直太难以接受了。一想到未来的孙子也有可能特别矮小，张大妈就心如刀绞。这顿饭，张大妈根本没心情吃，简直食同嚼蜡。下午，小童送走女朋友回到家里，张大妈脱口而出："我不同意你和这个女孩交往，你爸也不同意。难道你准备和她结婚吗？！"不想，这一句话马上就让小童逆反起来。他情绪激动地喊道："你们为什么不同意？你们凭什么不同意？和谁在一起是我的事情，不关你们的事。""你是我们生的，我们就得管。如果你和这个女孩在一起，就永远不要再回来。"张大妈更激动了。这次争执，他们不欢而散，小童居然提了个箱子，搬出去住了。由此一来，张大妈再也得不到小童和那个女孩的消息，也无从打探。

在这个事例中，张大妈虽然一眼见到未来的准儿媳妇就不满意，但是反应未免有些过激。她以情绪强烈的反问句质疑儿子，导致儿子马上生出叛逆心理。归根结底，现代社会提倡自由恋爱和结婚，张大妈尽管辛辛苦苦养大了儿子，却只能做出参考意见。她和老伴这样强制干涉，而且带着喝令的意味，导致儿子关闭了心门，不愿意再继续讨论这个话题，也使得他们无从知道儿子的真实想法。由此一来，事情更加陷入僵局。

生活中，不管遇到什么事情，生气并不能解决问题。只有静下心来，保持理智平和的态度，才能想出彻底解决问题的办法。也不管我们面对的是什么人，亲人、朋友、同事，或者是孩子，都应该采取尊重的态度交流，才能事半功倍。

以他人角度提问效果会更好

面对有些难以调和的矛盾，人们在交流中时常会陷入僵局，甚至引发争执。然而，生活就是这样的本质，总是一个矛盾接着一个矛盾，解决了一个难题，就又出现一个难题。为了改变现状，其实现状是难以改变的，我们只能改变交流的方式，多多使用交流的技巧，尽量避免争执的发生。语言，是人类交流的最基本也是最常用的媒介。在电子产品广泛普及的今天，很多年轻人都不会鸿雁传书了，而是使用微信、短信、QQ 等这些即时交流工具。实际上，纸质的书信有一种神奇的效果，能把很多尖锐的问题淡化，让人们不再因此而争执和吵闹。想想那一页页精美的信纸，带着用心书写且散发着笔墨馨香的心情，是多么美妙的感觉。然而，的确有很多人都已经不再热衷于这样的方式。为此，我们这里专程提出一种交流时提问的技巧，以便有效避免矛盾。这就是第三人称提问法。

通常情况下，交流的双方只会和在场的人争吵，而不会和不在场的人争吵。掌握了人们交流时的这种习惯，我们就可以借由第三人说出原本是我们想说的话。这样一来，即使对方不想听这些话，也无法迁怒于不在场的第三人，而只好偃旗息鼓，冷静下来思考。当然，这第三人肯定是存在的，而且要在对方心目中占据一定的地位，拥有相当的分量，否则就无法使对方心甘情愿地回答问题，也就失去了预期的效果。聪明的交谈者在提出尴尬的问题，或者容易引起对方情绪波动的问题时，常常使用这种方法，效果非常好。不过需要注意的是，如果这个问题真的是第三人提出的，则无须多言。如果是你作为谈话的一方，假借第三人的口提出的，那么则需要注意不能提过分的问题，否则就是嫁祸于人了。还要注意，如果必要，可以与第三人提前沟通，以免万一对方因为怒气去找第三人质疑，导致穿帮。注意到这两点之后，就可以放心大胆地使用第三人提问法啦！

雅琪和小威谈恋爱一年多了。眼看着，他们的感情渐入佳境，也开始提起谈婚论嫁的相关事宜。然而，雅琪依据家乡的风俗，想向小威要一些彩礼，给远在老家的爸爸妈妈，也算暂时报答了爸爸妈妈的养育之恩，没有让他们白白辛苦。但是，雅琪和小威都是大学生，是自由恋爱的，雅琪斟酌许久，也不好意思直接向小威提出彩礼的事情。思来想去，雅琪决定绕道而行。

端午节时，雅琪专门请假回了一趟老家，说去和父母商量亲事，顺便看望父母。回来之后，她很不好意思地对小威说："阿威，这次回家，我妈妈提起了彩礼的事情，不知道你们那边有没有这个风俗啊？"小威也不知道家乡的风俗，因而说："我不太清楚我家的风俗啊。不过，既然你妈妈提出来你家有给彩礼的风俗，咱们就照做吧！"小威又问："那么，应该给多少彩礼呢？"雅琪说："其实我也不知道应该给多少彩礼，我妈也没具体说。我都跟我妈说了，我们是自由恋爱，不兴要彩礼。但是我妈说，我家前面的邻居女儿刚刚结婚，对方给了十万元彩礼。"听了雅琪的话，小威不由得吃了一惊，暗暗想道：居然要这么多彩礼，那我可自己做不了主，必须和父母打个招呼商量一下了。所以，小威笑着说："没关系，入乡随俗嘛。这样吧，我也和父母商量下。你也知道，咱们都刚刚工作，这笔钱我自己一时根本拿不出来，还得父母支援。"雅琪点点头，说："这是应该的。"后来，小威在和父母商量之后，又和雅琪说："雅琪，我的父母都是工薪阶层，刚刚供养我上完大学，还要为咱们准备婚事，没有那么多钱了。我妈妈问，能不能折中一下，给你们六万元彩礼，这样也是比较好听的吉利数，也能缓解我家一部分困难。"雅琪一听很高兴地答应了。

雅琪非常聪明，她与小威自由恋爱，按道理说根本不用要彩礼。然而，她又是个很孝顺的女孩，不想再给辛苦供养她的父母增加负担，还想给父母一些回报。但是，她也很担心因为要彩礼，伤害她与小威之间的感情。所以，她就借由妈妈的口，问小威家里是否有给彩礼的风俗。这样的提问方式，既不至于让小威迁怒于她，也不至于让小威对她的感情产生怀疑。最终，小威家也摆明困难，取得了雅琪的谅解，给了六万元彩礼，可谓皆大欢喜。如今，我国很多

地方都还盛行着给彩礼的风俗，尤其是在闭塞的小县城或者农村。很多年轻人大学毕业后独自留在大城市打拼，自由恋爱结婚，这就与老家的风俗习惯有了冲突。当到了谈婚论嫁的时候，他们也常常因为礼俗的事情闹矛盾。假如能够采取这样的方式，借由第三人之口说出很多要求，也就避免了尴尬，还给自己留了回旋的余地。

坦然地拒绝接受他人挑衅

未必每个问题的提出都以善良为土壤，在日常交谈中，还有很多人提问时会因为各种原因，带着挑衅的意味。对于这些问题，很多人都难于作答，左右为难。其实，他人提问并非是老师考试，我们也大可不必像小学生认真答卷一样一定要给出一个答案。如果对方恶意挑衅时，与其躲避，受人欺负，不如大大方方地拒绝回答。很多人都曾在电视上看过明星的记者招待会。对于记者提出的尖锐问题，或者是不怀好意的质疑，这些大明星们往往不卑不亢地说："对不起，我不想回答你这个问题。""对不起，这是我的隐私，不便透露。"这样的回答，远远比刻意躲避记者追问更好。因为再好的遮掩，一旦说多了，也言多必失，露出马脚。既然如此，就坦然拒绝吧。每个公民，除了有协助警察调查的义务，实在没有义务回答每个人的盘问。

对于人权，现代人只是出于觉醒阶段，还比较模糊。倘若能够适当地普及法律知识，知道自身作为基本公民的权利，那么就会更加坦然地面对他人的挑衅，从而合法地捍卫自己的权利。即便是在和法律无关的日常琐事中，我们也应该坦然面对挑衅，兵来将挡，水来土掩。尤其是面对恶意的挑衅，不管对方是谁，我们都应该不卑不亢，与其想方设法地躲避，不如大大方方地拒绝，勇敢捍卫自己的权利。

萧伯纳虽然是著名作家，但是年轻的时候非常胆小，口才很差。为了练习演讲和辩论，他从来不怕出丑，处处锻炼自己，最终成为赫赫有名的演说家。有一次，萧伯纳的剧本《武器与人》首次演出，大获成功。在演出结束后，应观众们的邀请，萧伯纳走到舞台上，与观众们见面。然而，突然有个人冲到舞台前面，对着萧伯纳大喊："萧伯纳，赶快收回你糟糕的剧本！别再丢人现眼啦！你觉得我的主意如何呢？"观众们见状全都目瞪口呆，还以为萧伯纳会大发雷霆呢！不想，萧伯纳面带微笑说："亲爱的朋友，你说得很有道理。不过，我们俩根本无法反对这么多热情的观众，只能勉为其难继续看这个糟糕的剧本啦！"说完，萧伯纳还满怀愧疚地向那个人鞠了一躬。萧伯纳的机智幽默，不卑不亢的宽容气度，征服了全场的观众，大家全都给予了他热烈的掌声。舞台前挑衅的人见占不到便宜，只好偷偷溜走了。

有一次，周恩来总理参加会议。席间，一位来自西方国家的记者，挑衅地问周总理："总理先生，请问你们中国还有妓女吗？"当时，新中国成立后已经封闭了一切妓院，劝说妓女改头换面，自食其力。因此，这位记者的提问是居心叵测的。原本，他以为周总理会回答没有，不想，周总理毫不迟疑地回答："有！"这个回答让在场的其他人士惊讶不已，周总理似乎看出了大家的疑惑，不卑不亢地说："中国的台湾省还有妓女。"原来，这个记者就等着周总理回答没有之后，再质问周总理台湾是否属于中国的领土呢！这下子，这个记者的阴谋诡计落空了。周总理话音刚落，在场的人就给予了他热烈的掌声。

在这两个事例中，萧伯纳和周总理面对他人的恶意挑衅，都能保持淡定自如。他们非常机智，也很幽默，所以才能以这样的方式，义正词严地拒绝对方的无理挑衅，而又不失自己的气度。

人与人相处，总是要以语言作为交流的媒介。在现代社会的生活中，尤其是在职场上，这种挑衅的场面很多。在这种情况下，一味忍让并非明智之举，因为总有些人柿子捡软的捏，只要看你有一次是好欺负的，就接二连三地无礼地欺负你。只有义正词严地拒绝对方的无理挑衅，才是长远之计。

第6章
善用策略，让他人不在嘴上为难你

许多人认为心理学比较玄乎，难以运用到人际沟通中来。但是，其实心理学并没有那么神秘，它与我们的日常交际有着极为密切的关系，甚至是决定着我们沟通成败的重要因素之一。在很多时候，沟通之所以产生障碍并不是因为口才方面的问题，而是心理策略不到位。在人际交往中，只有掌握了沟通心理策略，才能掌握打开沟通之门的金钥匙。在本章里，将介绍一些常见的沟通策略与技巧，使你能够轻松自如地提高自己的沟通能力，让他人不在嘴上为难你，影响他人心理，继而改善你的人际关系，全面提升你的个人影响力，达到操控他人心理的目的。

说话注意礼貌措辞，让他人喜欢你

许多人善于言谈，却不是那么会说话，给人的感觉总是很别扭，使人远远避之而唯恐不及，究其原因就在于说话时少了礼貌的措辞。其实，在日常生活中，说话礼貌是十分有必要的，它是一个人素质的直接体现，也是能够赢得对方尊重的先决条件。有的人说话不礼貌，这样不仅会令人厌烦，而且最终只能导致沟通失败。尊重别人就是尊重自己，无论我们在社会上扮演了什么角色，有着什么样的身份，礼貌是一直维持人际关系不断互动的规则。一个说话礼貌的人走到哪里都会受欢迎，而一个习惯于出口不逊的人，怎么样都得不到别人的喜欢。

章老师是一所高校有名的教授。有一天，一位隔壁学校的同学来找章教授，要章教授做他校外的论文评阅人。因为当时规定，论文答辩时要请一个校外的专家来指导。这位同学一进门，见章老师的办公室里坐了好几位老师在商讨什么问题。他也搞不清哪位是章教授，就张口问道："谁是章炳山呀？"章老师听到这个学生直呼自己的名字，脸色微微一变，几位老师也面面相觑。不过，章老师还是很有礼貌地对他说："我就是，找我有什么事吗？"那位同学大大咧咧地说："噢，你就是章炳山呀，我可早就听说过你了，我是某某教授的学生，我的论文你就给我看一下！"章教授到底是有涵养的人，虽然看到这个学生说话没有礼貌，也不过随口说道："那你就放那里吧！"这名学生就把自己的论文往章老师的桌子上一扔，对章老师说："你快点看呀！后天我们要论文答辩，你可别耽误我的事！"章老师这么有涵养的人也忍受不了了，火气顿时

上来，他对这位同学说：“这位同学请留步。请问一下是谁找谁办事呀？你的论文拿走，我没有时间给你看！”

一向很有涵养的章教授怎么会忍不住生气呢？原因就在于那位同学说话不懂礼貌，章老师是很有名气的教授，至少那位同学也应该礼貌地称呼“章老师”，而不是直呼其名，另外，同学话语中透露出“目中无人、随意指使”的不礼貌行为，更让章教授生气。其实，无论是求人办事还是普通的交谈，我们都需要以礼貌的措辞来进行交谈，如果那位同学说话能够礼貌一点，那么章教授一定不会在嘴上为难他，定会乐意帮忙的。

有位士兵骑马赶路，到黄昏了还找不到客栈，这时他看见前面来了位老农便高喊：“喂，老头儿，离客栈还有多远？”老人回答：“五里！”士兵策马飞奔十多里，仍不见人烟。“五里、五里”他猛地醒悟过来，“五里”不是“无礼”的谐音吗？于是他掉转马头赶回来亲热地叫了一声：“老大爷”。话没说完，老农说：“你已经错过路头，如不嫌弃，可到我家一住。”

语言本是思想的衣裳，它可以直接表现出一个人的高雅或粗俗。同时，语言交流是一种心灵沟通，要想使彼此之间的沟通畅通无阻，就应该得体地运用礼貌措辞，这样才会让对方感到“良言一句”的温暖，使自己与他人之间的感情很快就融洽起来。

何谓礼貌措辞？其实就是我们日常交际中所使用的“敬语”与“谦词”，这些口语表达可以体现出对他人的尊重，诸如“请教、指教”“劳心、费心”等。如果我们能在日常语言交际中使用这些谦词和敬语，对方肯定乐意与你接触，与你建立友好和谐的关系。

1. 丰富礼貌用语

在平时生活中，我们习惯这样打招呼“你吃饭了吗？”“你到哪里去？”，这样的日常用语显得有点单调、乏味，同时也缺乏应有的礼貌。这时候，我们应该丰富自己的礼貌用语，比如“早安，你好吗？”“请代问全家好”等。

2. 使用礼节性语言

语言的礼节就是寒暄，有一些最常见的礼节语言惯用形式，比如问候语“您好”，告别语“再见”，致谢语“谢谢”，致歉语“对不起”，回敬语“没关系”“不要紧”“不碍事”等。

3. 养成使用敬语、谦词、雅语的习惯

敬语也就是敬辞，表示尊敬礼貌的词语。我们常用的敬语“请”，第二人称“您”，代词“阁下”“尊夫人”等；谦语是向人表示谦恭和自谦的一种语言，比如称自己为“愚”，称自己的父亲为“家父”等；雅语是指一些比较文雅的语言，比如，你端茶招待客人，应该说：“请用茶。”

4. 善于言辞

交谈中，一般都会选择大家共同感兴趣的话题，但是对于一些不该触及的敏感话题，比如对方的年龄、收入、婚姻状况等，应该尽可能地避开。询问对方这样的信息，这是不礼貌和缺乏教养的表现。

说话暗合他人心理，令人无心反驳

聪明人在说服对方的时候，懂得去暗合对方的心理，这样能让他人感到受尊重。当然，在说话时利用语言来暗合对方的心理，需要“合”得巧妙，千万不能让对方看出破绽。在日常生活中，面对不同的场合、不同的对象，每个人都有自己的心理，他们有着不同的心理需求。当我们在与他们进行语言交流的时候，需要从对方的言语中明白其心理需求，或者通过察言观色来洞悉对方的心理，再通过语言表达来暗合对方的心理，令对方无法反驳。

安东尼·提莫克只是一个办公室的小工，他希望能向纽约银行行长推销一些公债券。他是新英格兰穷牧师的儿子，刚刚从菲利浦斯学院毕业，18岁的他还处于人生事业的起步阶段。他在替一个商人干点杂活，挣着一个星期一块

半的工资。老板觉得他是个十分聪明的小伙子，就让他去销售铁路公债券。所以，安东尼·提莫克希望能与纽约银行行长摩西·泰勒说几句话，他知道泰勒对铁路很有兴趣，但自己怎么做才能引起这位银行行长的注意呢?

那天，当安东尼·提莫克走到泰勒的办公桌面前时，泰勒正烦躁地对一个饶舌的人说："说正题！说正题！"不一会儿，泰勒就摇了摇头，把那个人赶了出去。接着，他向安东尼·提莫克点头，示意他过去。安东尼·提莫克把公债券放在了办公桌上说："97。"泰勒很奇怪地看了他一眼，拿过他的支票簿问："你的老板叫什么名字？""伯兰克先生。"提莫克回答，签好了支票后，泰勒又问："伯兰克先生给你多少回扣？""0. 25%。"提莫克继续回答，"太少了，你管他要 1%的回扣，如果他不付给你，我就替他付。"泰勒开玩笑，就这样提莫克成功地把公债券卖掉了，同时他也成功地使行长注意到了他，三年后他就成了百万富翁。

提莫克凭借着敏锐的眼光，看出泰勒是一个有着强烈脾气的人，他喜欢使用简洁的语言，讨厌那些不必要的繁文缛节。所以，当提莫克了解了泰勒的心理要求之后，他就一直是使用简洁的语言来应对他，不说一句废话，这暗合了泰勒的心理，泰勒再也不会大声说"说正题"，也不再在嘴上为难提莫克。后来，泰勒继续购买提莫克的公债券，还在其他事情上给了他有力的支持。提莫克用这个简单的方法暗合了许多人的心理，得到了那些人的鼎力支持。然而，提莫克之所以能成功，是因为他早就懂得这样一个心理策略的重要性，那就是：从最细微的细节里去暗合他人的心理。

每个人都比较自我，当对方的言语触碰了心里的禁忌的时候，他们像被攻击的刺猬一样，用尖锐的语言反击对方，为难他人。鉴于这样的心理特点，为了获得对方的好感与信任，我们需要了解对方的心理需求，同时还需要通过语言来暗合对方的心理，这样才会说服对方，令对方无法反驳。

小娜是一位节油制汽车推销员，这天，她约见了一位客户，一开口她就礼貌地询问："先生，请教你一个所熟悉的问题，增加贵店利润的三大原则是什

么？”客户好像很乐意回答这样的问题，他回答：“第一，降低进价；第二，提高售价；第三，减少开销。”小娜立即抓住话题说下去：“你说的句句是真言。特别是开销，那是无形中的损失。比如汽油费，一天节约 20 元，你想过多少吗？如果贵店有 3 辆车，一天节省 60 元，一个月就有 1800 元。发展下去，10 年可省 21 万元。如果能够节约而不节约，岂不等于把百元钞票一张张撕掉？如果把这一笔钱放在银行，以 5 分利计算，一年的利息就有 1 万多元，不知您高见如何，觉得有没有节油的必要呢？”听了小娜这样的分析，客户觉得自己应该解除这种恶劣情况，最终购买了节油制汽车。

小娜的话语暗合了客户的心理特点，既然汽车可以节油，为什么还要继续“浪费”下去呢？于是，他就会想方设法用节油车来解除之前“浪费”的恶劣情况，不得不购买节油制汽车。

那么，在日常交际中，我们该如何来暗合对方心理呢？

1. 适时赞美，满足其虚荣心

在日常交际中，赞美的话不可或缺，它就如沁人心脾的淡淡花香，会在不知不觉中悄悄渗入对方的心灵之中，让他们沉醉不已。比如“经理，您把那事谈成了？怎么谈的？以后您可得教教我，我要拜您为师”“王总，这么大的工程，您一个人就给搞定了，可真了不起，不过您可要注意身体啊”。

2. 把话说到心窝里，满足其自尊心

每个人都有脆弱而敏感的自尊心，因此我们在说话时要考虑到对方的自尊心，适时把话说到对方的心窝里。比如，“小伙子，你提出的建议真不错，我好好考虑，可得好好谢谢你”，对方听了这样的话，他会觉得自己所做的很值得，心理得到了极大的满足，也不会再有什么反对意见了。

巧用兴趣展开话题，使沟通更顺畅

著名口才大师卡耐基说：“即使你喜欢吃香蕉、三明治，但是你不能用这些东西去钓鱼，因为鱼并不喜欢它们。你想钓到鱼，必须下鱼饵才行。”简单地说，当我们在与对方进行语言交流的时候，需要“忘记”自己的兴趣与爱好，用对方的兴趣爱好来展开话题，这样会使彼此之间的沟通更加顺畅。在沟通过程中，谈论对方的兴趣与爱好，这样能让对方感觉到受重视、受尊重，继而赢得了对方的好感与信任。许多人习惯于谈论自己的兴趣爱好，从来不考虑对方，这样的人永远不会得到对方的认同。所以，赢得对方好感与信任的诀窍在于，用他人的兴趣与爱好来展开话题，谈论他最喜欢的事情，达到影响他人心理的目的。

阿美是一家房地产公司总裁的公关助理，奉命聘请一位特别著名的园林设计师为本公司的一个大型园林项目担任设计顾问。但这位设计师已退休在家多年，且此人性情清高孤傲，一般人很难请得动他。

为了博得老设计师的欢心，阿美在正式拜访之前做了一番调查，她了解到老设计师平时喜欢作画，便花了几天时间读了几本中国美术方面的书籍。这天，她来到老设计师家中，刚开始，老设计师对她态度很冷淡，阿美就装作不经意地发现老设计师的画案上放着一幅刚画完的国画，边欣赏边赞叹道：“老先生的这幅丹青，景象新奇，意境宏深，真是好画啊！”一番话立即使老先生感到一种愉悦感和自豪感。

接着，阿美又说：“老先生，您是学清代山水名家石涛的风格吧？”这样，就进一步激发了老设计师的谈话兴趣。果然，他的态度转变了，话也多了起来。接着，阿美对所谈话题着意挖掘，环环相扣，使两人的感情越来越近。最后，阿美说服了老设计师，出任其公司的设计顾问。

人类本质里最深层的驱动力就是希望具有重要性，而且一个人的兴趣与爱

好是其人生中最看重的一部分，他希望自己的兴趣与爱好能够得到别人的认同与肯定。一旦你在谈话中巧妙地说到了他的兴趣所在，他就会转变之前的冷淡态度，开始滔滔不绝起来，在自己感兴趣的事情面前，任何人都会激起一种谈话的欲望。所以，如果你想让对方对你的谈话感兴趣，那就只能以对方的兴趣来展开话题，这样才能有效地影响其心理，令之后的沟通畅通无阻。

一位漂亮的女郎在首饰店的柜台前看了很久。售货员问了一句："这位女士，您需要买什么？""随便看看。"女郎的回答明显缺乏足够的热情。不过，售货员发现这位女士总是有意无意地触摸自己的上衣，好像对自己的上衣很是满意，售货员忍不住说："您这件上衣好漂亮呀！你的眼光真不错。""啊？"女郎的视线从陈列品上移开了，移到了自己感兴趣的上衣上面，"这种上衣的款式很少见，是在隔壁的百货大楼买的吗？"售货员满脸热情，笑呵呵地继续问道。

"当然不是，这是从国外买来的。"女郎终于开口了，并对自己的回答颇为得意。"原来是这样，我说在国内从来没有看到这样的上衣呢。说真的，您穿这件上衣，确实很吸引人。""您过奖了。"女郎有些不好意思了。"只是……对了，可能您已经想到了这一点，要是再配一条合适的项链，效果可能就更好了。"聪明的售货员顺势转向了主题。"是呀，我也这么想，只是项链这种昂贵商品，怕自己选得不合适……"

在日常交际中，双方的沟通最忌讳彼此沉默不语，或者对方总是一副爱搭不理的样子。那么，如何打开对方的话匣子呢？最好的方法就是先从对方的兴趣谈起，这样会使整个谈话过程变得愉悦而畅快。当然，在这其中，我们可以通过提问这样的方式来深入了解对方的心理需求、心理动机以及所感兴趣、关心的事情，顺势展开话题，对方就会侃侃而谈。

1. 找到对方的兴趣点

每个人都有自己的兴趣爱好，因此在谈话过程中，我们要想办法找到对方的兴趣点。可以在与对方交谈之前做好准备工作，打听对方有什么兴趣爱好；

也可以通过自己的观察或提问来获得对方感兴趣的事情。

2．话题先从对方的兴趣说起

在沟通过程中，为了获得更多有关对方的信息，也为了满足其自尊心，我们需要让对方尽可能地多说话。所以，话题要先从对方的兴趣说起，这样顺势展开的话题会利于整个沟通的顺利进行。

学会言辞赞美他人，让交流更愉快

美国历史上第一个年薪过百万的管理人员叫史考伯，他是美国钢铁公司的总经理。记者曾问他："你的老板为什么愿意一年付你超过 100 万美元的薪金，你到底有什么本事？"史考伯回答："我对钢铁懂得并不多，我的最大本事是我能鼓舞员工。而鼓舞员工的最好方法，就是表现真诚的赞赏和鼓励。"把话说白了，史考伯年薪之所以过百万是因为他善于赞美他人。每一个人都渴望自己受到别人的赞美，希望自己的价值得到认可，这主要是源于其自尊心和虚荣心。而赞美是一种说话的艺术，合乎人们的心理，精准的赞美言辞会使人感到开心和快乐。在日常交际中，渴望获得赞美的人不计其数，因此赞美的言辞不可或缺。事实上，我们可以通过赞美的言辞来影响他人心理，满足了其自尊心和虚荣心，最终赢得对方的好感与信任。

在镇压太平军的行营里，一次，曾国藩用完饭后与几位幕僚闲谈，评论当今英雄。他说："彭玉麟、李鸿章 都是大才，为我所不及。我可自许者，只是生平不好谀耳。"一个幕僚说："各有所长：彭公威猛，人不敢欺；李公精敏，人刁能欺"，说到这里，他说不下去了。曾国藩问："你们以为我怎么样？"众人皆低头沉思。忽然走出一个管抄写的后生来，插话道"曾帅仁德，人不忍欺。"众人听后皆拍掌称是。曾国藩十分得意地说："不敢当，不敢当。"后

生告退后，曾国藩问道："此是何人？"幕僚告诉他："此人是扬州人，人过学，办事还谨慎。"曾国藩听后说："此人有大才，不可埋没。"不久，曾国藩升任两江总督，就派这位后生去扬州任盐运使。

那位后生不过是一句话，就得到了曾国藩的赏识，同时改变了自己的命运，这真可以说是"一言定升迁"。究其原因，就在于那位后生说出了对曾国藩的赞美之词"曾帅仁德，人不忍欺"，大大地满足了曾国藩的自尊心与虚荣心，而后生也赢得了曾国藩的信任与好感。

卡耐基曾说："当我们想改变别人时，为什么不用赞美来代替责备呢？纵然部属只有一点点进步，我们也应该赞美他。因为，那才能激励别人不断地改进自己。"赞美，不仅满足了对方的心理需求，而且还能够增强对方的自信心，促使对方不断地取得进步。生活中是不能缺少赞美之词的，有了赞美才有了愉悦的心情，才能与他人建立和谐友好的人际关系。我们不仅要学会赞美，而且更需要不吝于赞美，每个人都有闪光点，当我们发现了对方的优点之时，就要大方开口赞美，不能吝于赞美。

清朝时，一名叫彭玉麟的官员，有一次路过一条狭窄的小巷。一个女子正在用竹竿晾晒衣服，一不小心竹竿掉下，正好打在彭的头上。彭勃然大怒，指着女子大骂起来。那女子一看，正是官员彭玉麟，冷汗不禁冒了出来。但她猛然间急中生智，便正色地说："你这副腔调，像行武的人，所以这样蛮横无理。你可知彭官员在我们此地！他清廉正直，假使我去告诉他老人家，怕要砍了你的脑袋呢！"彭玉麟一听这女子夸赞自己，不禁喜气上升，而且又意识到自己的失态，马上心平气和地走了。

女子那番赞美并不是当面"夸赞"，但却胜过了当面赞美，几句话就说得彭玉麟心里美滋滋的。原来自己在民间有这么好的名声美誉，实在不应该为这些小事情而生气。于是，彭玉麟经过了一番思索，只好转怒为笑，心平气和地走开了，而那位女子也是巧用赞美之词化解了自己的困境，足以见得赞美言辞的影响力。

那么，什么样的赞美言辞才能够有效地影响他人心理呢？

1. 赞美对方不为人知的优点

即使再差的人，在其身上也有那么一两处不为人知的优点，这时候我们可以巧妙地利用。比如“你的这件礼服真漂亮”“你的发型真好看”“你这身打扮真有气质”，这样的赞美会使对方感到高兴的。

2. 赞美要具体而微

在日常交际中，我们要善于发现对方的细微之处，并不失时机地予以赞美，这时候赞美言辞用得越具体就越有效果，比如“认识你这么久了，还不知道你的厨艺那么棒”。

3. 赞美要有新意

赞美的言辞不能千篇一律，要有新意，一般而言，一些突出个性、有特点的赞美会收到更好的效果。比如，爱因斯坦这样赞美比利时的王后“您演奏得太好了！说真的，您完全可以不要王后这样的职业”。

说话需要言辞缜密，切勿授人以柄

在日常交际中，同样是说话，有的人由于词不达意而处处碰壁，有的人却口吐莲花而左右逢源。这是为什么呢？其实这就是言语的缜密性，前者言语不够缜密，经常被他人抓住“把柄”，后者言语谨慎小心，把话说得滴水不漏。在语言沟通中，无论是赞美他人，还是批评他人，我们都应该谨慎使用言语，把话说得无懈可击，不给对方反驳的机会，不让对方有空子可钻，以缜密言语来影响他人心理。可是，在现实生活中，许多人说话不经过大脑思考就脱口而出，常常会因为言语中出现的漏洞而被对方反将一军，或者自作聪明地认为自己掌握了话语主动权，但是却在无意之间就让对方抓住了“把柄”，最终只能

以惨败收场。所以，我们不仅要善于言辞，更要会说话，努力把话说得滴水不漏，不让对方抓住“把柄”。

暑假期间，火车上十分拥挤。一位年轻姑娘中途上车，见两张对面坐席上坐着三个年轻人，而边座正好空着，就走了过去问：“同志，这儿没人吧？”对方回答：“没有。”年轻姑娘于是放下东西，准备就座。不料，一个男青年竟突然把腿放到了坐席上。姑娘一愣，问：“你这是为什么？”“因为你不会说话。”那个男青年故意刁难，“那么，请问该怎么说？”姑娘好意请教，对方眯起眼睛装腔作势地说：“看来你是井里的青蛙，没见过多大的天地。让大哥告诉你。你得这样说：‘大哥。这有人吗？小妹我坐这可以吗’哈哈哈……”说完，这个男青年肆无忌惮地狂笑起来。姑娘脸上一阵发烧，心里很生气，但转念一想：“不对，有道是兵来将挡，水来土掩。你耍滑嘴，我难道没口才不成？”于是姑娘说：“听你这一说，我确实没有见过你们这种独特的‘礼貌’方式。不过，你们既然见过世面，又有自己独特的‘礼貌’方式，见了我就应按你们的‘礼貌’方式办事才对。”“你说怎么办？”男青年不解地问，“那还不容易？看见我来了，就该起身肃立，躬身致礼，说：‘大姐，这儿没人，小弟请你赏脸，坐这可以吗？’唉，可惜呀，你连自己的‘礼貌’信条都做不到，还想教训别人，真是土里的蚯蚓，一点蓝天都没见过！”

男青年自作聪明地擅自卖弄口舌，没想到一番唇枪舌剑之后，他话语中的把柄却被姑娘抓个正着。最后，姑娘短短几句话，就反击了男青年的“谬论”，语气中透露了讥讽之意。出现这样的结果，就在于男青年没有使用缜密的语言，想到什么就说什么，最终败在自己的言语陷阱里。

有时候，沟通就是一场语言的战争，谁先露出了破绽，谁就先输了。因此，我们在沟通过程中，语言不仅可以为我们传情达意，而且还能够成为自己的防卫“武器”。一旦言语中有了“空子”，就给对方提供了反驳的机会，最后就有可能被对方抓住把柄。所以，为了打赢“语言”这场战役，我们需要谨慎使用一字一句，尽量慎言密语，为自己筑起坚固的心理防卫，不让对方抓到把柄，

牢牢把握“胜利”的机会。

一位美国记者在采访周总理的过程中，无意中看到总理桌子上有一支美国产的派克钢笔。那记者便以带有几分讥讽的口吻问道：“请问总理阁下，你们堂堂的中国人，为什么还要用我们美国产的钢笔呢？”周总理听后，风趣地说：“谈起这支钢笔，说来话长，这是一位朝鲜朋友的抗美战利品，作为礼物赠送给我的。我无功受禄，就拒收。朝鲜朋友说，留下做个纪念吧。我觉得有意义，就留下了这支贵国的钢笔。”美国记者一听，顿时哑口无言。

美国记者的本意是想趁此机会挖苦周总理：你们中国人怎么连好一点的钢笔都不能生产，还需要从我们美国进口，并且他很想从周总理的回答中找出“破绽”。但是，面对这样犀利的问题，随机应变的周总理却回答得滴水不漏，“朝鲜战场的战利品”，这样的回答不但没有让记者抓住“把柄”，反而使记者颜面丢尽。

1. 三思而后说

俗话说：“三思而后行。”说话也一样，语言经过了大脑的思考才更有说服力，而且也能经得起对方的“检验”。所以，无论是在什么场合，面对什么人，我们都需要“三思而后说”，嘴边留个把门的，这样的言语才会显得缜密。

2. 懂得随机应变

面对对方咄咄逼人的问题，有可能你会乱了阵脚，于是，那些不该说的就脱口而出。在这样的情况下，对方有可能会从你的话语中抓住把柄，并且伺机通过言语攻击你。因此，在面对别人的提问时，我们要懂得随机应变，把回答的话说得滴水不漏，让对方找不到把柄。

第7章

含蓄表达，言尽于此而意味深长

说话很直接，想说什么就说，这固然是一种好习惯，但有时难免会遇到不便直说、不忍直说、不能直说的情景。在这种情况下，如果说了直话，就有可能会影响到人际关系，这时候我们不妨使用含蓄这种巧妙而又艺术的表达方式，学会委婉地表达，不仅可以实现理想的交际效果，有时候还能够帮助我们避免尴尬的情境。

沟通中含蓄是最温和的表达方式

在语言沟通的过程中，含蓄是一种美妙的言语。含蓄是一种以坦诚开放的沟通来对待他人的方式，同时也尊重了他人的感受。含蓄的表达是一种语言的艺术，委婉含蓄的表达比口无遮拦、直截了当更能体现一个人的语言修养。所以，无论什么时候，说话都要注意方式，多用含蓄的语言表达，让人与人之间充满友好和谐的气氛。

马克思故意装作满腹心事，满面愁云的样子，使燕妮感到很奇怪。燕妮问他："你怎么了？有什么心事吗？能不能跟我说说。"马克思说："我确实有心事。我交了一个女朋友，我很爱她，很想和她结婚，可是不知道她同意不同意……""你有女朋友了？"燕妮大吃一惊。"是的，认识很久了。""这是真的吗？""真的，当然是真的。我这里有她一张照片，你想看看她的模样吗？"马克思说着，拿出一只精致的小木盒子。燕妮点了点头，心里却痛苦不安。无奈中，她接过小匣子，双手颤抖着打开了，但小匣子里只装着一面小镜子。

马克思含蓄地表达了自己对燕妮的爱慕之情，由此可见曲径也能通幽，而且还可以欣赏人生的另一番别样风景。

1.含蓄表达，对方更容易接受

开门见山的语言虽然简单明了，但给人的刺激性太大，不容易被对方所接受。比如，导购小姐在向顾客介绍衣服的时候，经常会说"你的脸盘比较大，适合穿这种领子的衣服"，结果招来顾客的白眼。假如你说"你是不是觉得穿上这种领子的衣服会显得更漂亮？"那么，顾客就会欣然掏钱包了。

2.绕个弯，曲径通幽更美

直言直语是一把伤人伤己的双面利刃，这时候不妨绕个弯，让自己的语言表达更得体更完美。比如，正话反说，硬话要软说，让自己的舌头打个弯，这样的语言听起来会更加美妙。

3.含蓄能够避免尴尬

巧妙地运用含蓄的语言来表达自己的想法，看似说得轻描淡写，但实际却说出了问题的关键，这样可以帮助我们避免一些尴尬。比如，朋友遇到困难就逃避，或者做事总是犹豫不决，你可以含蓄地说“这样好像不是你以前的表现啊”。

绝大多数人都是好面子的，你对他人的批评的话，说得太直接会伤到他人的自尊，这样他会对你产生反感。话说得太直接只会伤害自己和他人之间的友谊，对自己的工作与生活都是没有好处的，这是应该注意的问题。

向他人提出意见要委婉含蓄

委婉是用迂回曲折的语言来表达本意的说话方式，说话者会故意说一些与本意相关或相似的话，以表达出本来要直说的意思。委婉的表达方式就是沟通过程中的缓冲带，它既可以让本来可能困难的交流变得顺利起来，又可以使对方在比较舒适的氛围中领悟到自己的本意。

小张和小赵是大学同学，同时去一家大公司应聘，并且同时被该公司的市场部录取，并在同一领导手下工作。两个人的工作能力以及在公司的表现都很好，几年以后两人都成了该公司的骨干员工。

但是，两个人的处事风格却完全不同，当领导的决策出现问题的时候，小张总是立刻就做出反应，直言不讳地将领导的错误指出来。而当遇到领导安排

的事情有明显的错误的情况下还会按照自己的做事风格，不去接受领导给予自己的工作任务。

小赵就和小张的办事态度完全不同，小赵在领导的决策有问题的情况下，不会像小张一样，将领导的错误直接指出来，而是私下找机会和领导单独说，如果将自己的观点说给领导听了之后，领导还是坚持自己的观点，那她也会认真地去完成自己的任务。即使这个任务真的有问题，她也会帮助领导承担另一份属于自己的责任。

于是，在几年之后，领导即将升职，在给自己挑选接班人的时候，他就毫不犹豫地选择了小赵。

小张将自己的看法毫无保留地、直接地说给了领导听，但是她没有注意到保留领导的颜面，而且有些话也是不适合说得那样直接。而小赵采取的处世方式和小张的完全不一样，这样既让领导知道了她的意思，又保留了领导的颜面，自然会受到领导的重用。

一般而言，委婉常常用来规劝他人或者向他人提出意见，这样可以避免直接叙述给对方造成伤害而产生抵触情绪，也能让对方在愉快的气氛中接受我们的建议，最终达成一致的共识。有时候，考虑到朋友的面子和自尊心，我们对于朋友的所作所为都不敢直接提出意见，这时就可以采取委婉的方式来表达。

1.借助中介

当你想要对朋友提出一些中肯的建议时，可以借助故事或者寓言等，这样就事论理的方式会让朋友在细细品味我们语言的同时领悟到我们的本意。比如，当你想规劝朋友不再酗酒的时候，你可以讲隔壁叔叔因为喝酒过多而住进了医院，这样朋友就明白你的用心良苦了。

2.巧妙利用时机

如果你直接以建议者的身份出现在朋友面前，这样会造成对立的局势，可能你越说朋友就越不听。这时候，你要巧妙利用时机，尽量在愉快的氛围中提出自己的建议。

3.多角度提出建议

当你的建议被朋友反驳的时候，不要纠结于一个角度去说，你可以多角度地提出自己的建议。当然，其中隐藏的含义需要对方自己领悟，并在自我启发中认识到问题的严重性。这样的表达方式考虑到了对方的心理和面子，更容易使朋友改正错误和接受建议。

朋友之间本来是平等友善的关系，如果忽然遭受到别人的批评，会觉得很没面子，所以无论与多要好的朋友，都要注意自己说话的方式以及语气，不能说得太过直接，这样会伤害朋友的自尊心，破坏自己与朋友之间的友谊。即使说到这些事情的时候，也应该尽量委婉地将自己的意见表达出来，不致伤害到他人。

言语正面交锋不如旁敲侧击

生活中，我们与人打交道，经常会遇到一些不便直言的问题，比如拒绝别人、指责对方等，如果不顾及对方的感受和情绪，把自己的想法强加给别人，不仅起不到我们预想的效果，还会恶化彼此之间的关系。此时，我们不妨尝试一下旁敲侧击的心理策略，委婉地暗示对方，对方接受起来也轻松得多。

一天，老王来到一家餐馆就餐，发现汤里有一只苍蝇，这很令他倒胃口。于是，他找来服务员，并质问他，可没想到服务员却全然不理，好像没听见他的抱怨一样。

后来，气愤中的他亲自找到餐馆老板，提出抗议：“这一碗汤究竟是给苍蝇的还是给我的，请你解释一下。”

那老板一听，把责任全推在服务员身上，于是只顾训斥服务员，却全然不理睬他的抗议。

老王只得暗示老板："对不起，请您告诉我，我该怎样对这只苍蝇的侵权行为进行起诉呢？"

那老板这才意识到自己的错处，忙换来一碗汤，谦恭地说："你是我们这里最尊贵的客人！"

说完，大家一起笑了。

我们不得不佩服老王的气度，很多人在这种情况下，势必会大发雷霆，当然这样做对事情的解决毫无帮助。而老王虽然是有理的一方，却没有颐指气使，也没有对老板和服务员纠缠不休，而是借用所谓"苍蝇侵权"的比喻暗示对方："只要有所道歉，我不会追究。"这样老板也就明白了他的话，"苍蝇事件"自然也就在十分幽默风趣又十分得体的氛围中化解了，避免了双方的尴尬和窘迫，可见心理暗示的作用如此重要。

在人际关系中，出于各种原因，有时我们会驳别人的面子，这种事情如处理不当，轻则伤害对方，让对方难以接受，疏远彼此间的关系，重则得罪人，使彼此成为仇家。对此，我们要学会旁敲侧击，既表达了自己的意思，又让对方轻松接受。利用话里藏话暗示他人，是时刻离不开的社交技巧。

但委婉暗示，让对方接受，我们还必须掌握三个基本功：

1. 会把握局势

首先是会听出对方的话中话，然后加以揣摩，这其中会观察的能力很重要。毕竟，交际生活中，很多人都喜欢用隐晦的语言，含沙射影地表达自己的弦外之音，即便是有恶毒之意也不容易听出来。再者，你要想掌控交际局势，让对方接受你的暗示，你就必须得站在有理的一边。

2. 要委婉含蓄地表达自己

话说得有艺术，又让听话之人心领神会，明白你话中的锋芒所在。无论你遇到的是针对你的敌人还是帮助你的友人，你都必须具备会暗示和说话含蓄的能力。

3. 尽量在善意的氛围中旁敲侧击

有些人虽然接受了我们的委婉暗示，但却是在逼不得已的情况下接受的，这种人一般会和我们“老死不相往来”，这不是社交的最终目的。为此，我们要懂得不伤感情的、在善意的氛围中暗示对方，让他既能接受，还感激我们“口下留情”。

首先与人交往，当不能直接开口时，我们就可以采用心理旁敲侧击的方法，委婉地表达我们的想法，这是必备的交际能力。旁敲侧击的目的是调动潜意识的力量，因此暗示的语言首先要精练，不能用复杂的语言进行描述，人的潜意识一般不懂得逻辑，喜欢直来直去。其次，一定要使用积极、肯定的语言，用肯定句进行暗示，尤其是在批评对方的时候，消极的语言暗示只会适得其反。

好的语气比内容更重要

口气，顾名思义就是指人说话时的表情和语气。人际交往中人们往往只强调说话内容的好坏，即口才的好坏，却忽视了表情和语气在交流沟通中的重要性。其实，很多时候，说话的表情和语气比内容更重要。如果表情不好，语气强硬，即使内容再好，再简单的道理，对方也听不进去，不会接受。

王老师就很善于用自己的语气帮助学生。在他的班上有一个孩子，性格比较孤僻、不善言谈，被别的同学取笑为“弱智”。有一次在课外活动时，王老师发现这个同学独自一人坐在教室里，于是便走过去，用最温柔、最耐心的声音同他说话：“我发现你上课听讲挺认真的，而且反应并不比别人慢，老师相信你只要努力学习，一定会成为一名优秀的学生。”这个同学听了王老师的话，若有所思地点点头。然后，王老师又把他带到孩子们中间，并且陪他一起参与到学生活动中去，学生受到王老师的影响，都争着和他做游戏。慢慢地，他和同学们的关系变得融洽了，学习成绩也提高了，再也没有人说他“弱智”了。

虽然说“理直”就“气壮”，但有理不在声高。只有“有理”再加上得体的语气，才会收到“情通理达”的效果。所以，把握好说话语气的分寸，对任何人来说都是非常重要、非常必要的。那么，如何才能把握好说话的语气呢?

1. 驾驭语气最重要的一条是语气因人而异

就像喜悦的语气就会引发对方的喜悦之情，用愤怒的语气就会引发对方的愤怒之意；生硬的语气则会引发出对方的不悦之感，埋怨的语气会引发出对方的满腹牢骚等。

2. 把握语气要注意说话的场合

一般来说，场面越大，就越要注意适当提高声音，放慢语流速度，把握语势上扬的幅度，以突出重点。相反，场面越小，越要注意适当降低声音，适当紧凑词语的密度，并把握语势的下降趋向，追求自然。

3. 要因时而异

同样的一句话，在不同时候说，效果往往会大相径庭。抓住时机，恰到好处，运用适当的语气才能够产生正确的效果。

语气是有声语言的最重要的表达技巧。只有掌握了丰富、贴切的语气，才能使我们的思想感情处于运动状态，不时对通话人产生正效应，从而赢得交际的成功。

学会修饰你的语言措辞

我们会经常遇到这样的问题，当别人问你一个问题的时候，你用实话回答有时候对人对己也许会有反面作用，那么这个时候，就有必要说一些谎言来安慰对方。这样，就需要事先将谎言做一番必要的修饰了。

巧琳是一个标准的胖女生。一天她到商场买衣服，在试衣服的时候，她问

道：“我是不是太胖了？这件衣服会不会显得我更胖？”

A 店员跟她说：“如果你怕看起来胖的话，你可以加一条宽腰带，这样就可以使你看上去苗条些。”B 店员看了看巧琳的年纪，大概是三十岁，于是她说：“你属于比较有肉感的女生，这样的女生比较有福气，如果你怕看起来会胖，我们有另一款深色的衣服，具有修饰身材的效果，你可以试穿一下。”

在这里，两个店员都刻意回避了巧琳胖的这一事实，而用“看上去苗条”“有福气”之类的话语巧妙地来修饰自己善意的谎言。在现实生活中，当需要善意的谎言的时候，该如何来修饰这些谎言呢？

（1）编织谎话，要声情并茂，不要让你的神色“出卖”你。比如，对癌症患者撒谎说他的病不是癌，要自编自圆，而且自己不能表现出悲痛的神情来。

（2）不要让对方难堪。比如，一个人请你吃饭，而你又不想去，这时候你可以用谎言婉言谢绝，而不是硬生生地告诉他你不去。

（3）用调侃的口气将谎言说出来。为了强调言谈内容的情景，故意把未曾发生过的事情用讲笑话的方式说出来，以增强谈话的气氛等。

对于你不完全了解的事情或是无法做出决定的情况下，可以含糊其词，或者不去正面回答对方的问题，既可讨好对方，又给出自己的意见，借此来使对方相信自己。

学点“装傻”的口才技巧

一个人太精明就像花朵非要长出尖刺，无端惹人厌烦。懂得不露锋芒，适时装装傻，娇憨一些的人才会更受欢迎。一个人领会了大智若愚的神韵，说话就不会过于咄咄逼人，而懂得巧妙地替人遮羞、自嘲或者幽默地反唇相讥，看似痴愚迟钝，实则更贴合人心，而且不会授人以柄，这样才更能彰显一个人的

智慧和幽默。

苏联卫国战争初期，一些驰骋疆场的老将对于年轻的军事家看不惯，不禁语出讥讽“为什么派你跟我们一起去？是想来教育、监督我们这些老头子吧？白费劲！你们在桌子下跑的时候，我们已经率领着成师的部队在打仗了。别自以为了不起，革命开始的时候，你才几岁！”

不料年轻的将领老老实实地答道“那时候，刚满10岁。”这一回答，让人生出一拳打在棉花上的感觉，愤怒自然无法发泄，从而保证了双方的和谐。

怎样“装傻”来避开尴尬的局面，维护自己的尊严、他人的面子，而且不会让人觉得咄咄逼人呢？

1. 把对方的话引向更荒诞的方向

宋高宗时，有个御厨馄饨没煮熟就呈给了皇帝，结果被下了大狱。不久，宴会上有杂戏演员演相声，互问对方的生辰，一个说“甲子生”，一个回“丙子生”，这时丞相大人站起来说“这两个人都应该下大狱。”皇帝问为什么，丞相不紧不慢地回道：“甲子、饼子都是生的，不应该与馄饨没煮熟同罪吗？”皇帝大笑，释放了先前的御厨。

对于对方荒谬的逻辑、结论或无理要求，不妨做出夸张或更荒谬的假设，从而达到反驳对方的目的。

2. 就对方表面的意思作答

应对别人有深意的挑衅时，不妨只从对方话语的表面作答，不理对方话中的其他含义，反而能够出奇制胜，避免双方陷入更糟糕的境地。

受辱之时装“憨相”，大象无形有时反而是最聪明的应对之策。曾有个女孩子因为自作主张引起了女上司的不满“你以为你是谁？你算老几？”女孩憨憨地笑答道：“我在家行二”，引得同事大笑不已，上司哭笑不得，一场风波终于止息。

3. 故意曲解对方话中的含义，答非所问法

当对方的问题或话语不善，故意贬低或嘲讽自己的时候，可以故意偏离逻

辑规则，不直接回答对方提问，而在形式上响应对方语言，通过错位造就幽默效果，维持自己的尊严。比如在某次联合国会议休息期间，某发达国家外交官问一位非洲国家大使“贵国的死亡率一定不低吧。”对方巧妙地答道：“跟贵国一样，每人一次。”

答非所问讲究的是抓住表面某种形式上的联系，不留痕迹地避开实质层面上的回答，中断对话逻辑上的连续性，从而跳出被动的局面。

比如，某些人不想泄露自己的隐私，往往会答非所问“从来处来”“和你薪水一样多”，明星在隐私问题上的回答也往往只是“我们是很好的朋友”之类既模棱两可，又避开实质性问题的方法，不尖锐，也不遮遮掩掩，让人无可挑剔，但却什么都没说，才是高明的装傻手段。

4. 装作没听到

最简单的一种应对方式，运用得好则需要在暂时假装以后转移话题或者祸水东引，以便避实就虚，通过打击、转移对方的说辩兴致，从而达到打破窘迫局面，化干戈为玉帛的目的。在某次失误以后，愤怒的上司把下属们聚在一起，责问“问题究竟出在哪里，出在谁身上？”这个时候，洗清自己未免有争功诿过之嫌；而把错误揽到自己身上，无疑会受到更多责难。某个女下属沉默了一下，并没有回答这个问题，而是直接说“这个错误不大，我可以修改一下，说不定会有不同的效果”。显然比起追究责任来，怎样弥补过失，继续下去更重要，于是几个下属都轻松过关了，她也得到了同事们的感激。

“装傻”是一门艺术，最终的目的是达到缓和气氛、变换话题或者反唇相讥的作用，让人觉得你聪明而不尖锐，精明而不刻薄，这才是最好的表达方式。

第8章 巧言赞美，让他人听得心情愉悦

“良言一句三冬暖”，每个人都渴望来自他人的赞扬，任何人都不例外，在积累人脉资源的过程中，懂得如何赞美别人是讨得对方欢心的最佳方式。但赞美他人是门语言学问，其中的奥妙无穷。对此，大家应该习得一些赞美技巧，让自己的美言令人心神愉悦，一张口就让对方喜欢你、从心里接受你的赞美！

当面恭维不如背后赞美

作为一个职场人，要想在工作时收获领导的青睐可以有很多种方法，比如，努力完成工作、寻找机会与领导沟通、适度地赞美领导等。可以说，赞美是帮助我们成为一个受欢迎人的必备手段，也是我们事业成功的催化剂，但是我们也要掌握赞美的度。

通常，赞美往往是当面指出别人的长处，但也不一定完全如此，有时候，如果我们能选择一个适当的时机进行“背后赞美”，在领导的背后说其好话，往往能取得更好的效果。

王女士在某公司做销售工作，不仅长得漂亮，而且嘴巴也很甜，见到经理总是恭维一番，然而她的恭维却令销售经理十分苦恼。原来，这名销售经理也是个爱打扮的女士，每天一上班，王女士那令人不舒服的赞美声的就源源不绝地涌入她的耳中。

“经理，你又买了一套新衣服啊，颜色真漂亮，真适合你。”

“经理，没见你穿过这条裙子啊，你又去逛街啦，还有这对耳环也是新买的吧？我怎么就不会这么打扮呢？真好看。”

终于，销售经理被王女士的过分“恭维”弄烦了，她十分严肃地对她说，“不是你没见过的就是新买的，我的衣服有的已经穿了好几年了，只是搭配不同而已，你一嚷嚷，人家还以为我多物质呢，以后请别再夸我的衣服了”。

王女士的恭维不仅没让经理高兴，反而还惹恼了她，这源于她的赞美方式很不得法。首先，内容千篇一律、毫无新意；其次，她的赞美给人的感觉是不

真诚。触犯了这两条送“高帽”的大忌，经理会喜欢才是怪事。

有一家公司的老板性格非常古怪，每次开会发布新的政策，他都希望听到下属的称赞。开始的时候，下属称赞他，他还很高兴，但时间一长，这个老板就觉得很没意思，因为下属们每次夸赞他的话就那几句。

巧妙提问：如果你是这位老板的下属，为了讨老板欢心，你该怎么做呢?

机智回答：这天，照例开完会，老板又公布了新的改革政策，这一次有个聪明的下属并没有像以前一样忙着当面称赞老板。而是故意站在一旁，悄悄对其他同事说，“人家都说，身居高位的人都喜欢听人家拍马屁，只有我们老板不是这样，他注重实际，才不会把这些阿谀奉承放在眼里。”

老板从别人口里听到了这个下属的话，心里非常高兴，马上叫来这个人，对他说：“真正明白我心思的只有你啊。”很快，这个下属就受到了老板的重用，职位也得到了提升。

我们知道，下属的这一席话实际上就是恭维老板的，然而他的聪明之处就在于没有像别人一样当面恭维，而是把赞美的话说在了老板的背后。以和别人在背后议论的方式，有意识地让老板听到耳朵里去，把老板捧得极高，从而达到了讨好老板的目的。如果当面赞美，难免会让人感到虚假，或者怀疑我们的动机，而背后赞美，却能凸显真诚，这比当面恭维的效果要好得多。

为什么说背后赞扬别人比当面赞扬更有效果呢?因为大多数人都觉得，当面说的不见得是真的好话，背后说的好话才是好话。所以人们更容易相信背后的好话，会更加欣赏那些在背后说自己好话的人。这种来自背后的赞美，会使领导感到真诚、感到振奋、感到“甜蜜”。可见，背后的表扬和赞美的确具有神奇的效力，如果你想让领导增加对你的好感，就学会在领导的背后赞扬领导吧。

掌握赞美的几点技巧

心理学家告诉我们，在我们的生活中，每个人都有“被尊重”“被肯定”“被鼓励”的心理需求，而“赞美”是唯一能满足这些心理需求的方法。懂得赞美别人，是一项重要的口才技能，因为我们说出的每一句赞美的话，仿佛就像是一支明亮的蜡烛，照亮了别人的心灵，也温暖了我们的灵魂。如果你能够掌握赞美的技巧，那么它将有助于发扬被赞美者的美德和推动彼此友谊健康地发展，还可以消除人与人之间的误会和怨恨。

有一对夫妇结婚 10 年一直没有孩子，因此太太养了几只小狗作为心灵上的慰藉，她把每一只小狗都视为儿子般疼爱。

有一天，先生下班回到家，太太非常高兴地迎上来，“亲爱的，你不是想要换一辆车吗？我已经帮你约好了一个推销员，星期天他会来跟你洽谈的。”先生感到很奇怪，不禁问道“可是上次我跟推销员咨询时，你明明很生气，不让我买车的啊。”太太嘟起嘴，有些不高兴地说，“上次那个推销员，看见狗狗在他眼前绕来绕去，也不夸奖几句，就跟看不见似的，我很生气，哪里还有心看他的商品，不过这个推销员可不一样……”先生询问下才知道，这个推销员也是个爱狗之人，看到自己太太养的狗狗便大加赞赏，说这狗毛色纯洁、有光泽、黑眼圈、黑鼻尖，乃是最高贵的品种。说得太太飘飘然，以为自己拥有了世界上最高贵最纯种的狗，于是她就答应他星期天来跟她先生面谈。

其实先生确实想买一辆新车，他的车已经开了 5 年了，有很多小问题，三天两头要去修理厂修理，但是他却一直拿不定主意买哪家的车。他想，既然推销员上门来介绍，那我就先看看，反正也不一定买他家的车，听听看也无妨。

周日，这个推销员准时上门拜访，他先是热情地打了招呼，然后又夸赞了太太的新发型和先生新买的茶具，这一番花言巧语的赞美，让先生十分高兴，也改变了他的犹豫不决，他很快便决定买下了这位推销员的车。

当我们与别人交谈时，对他人的赞美一定不要太多，多了往往会变成恭维，会有拍马屁的嫌疑。我们要充分掌握赞美的技巧，话不在多，一句话说到对方的心坎里，这种效果也是妙不可言的。

白小姐是一家大型企业的总裁秘书，每一个想见总裁的人都要通过她的引见才能进入总裁办公室。有一天，有三个不同公司的客人要求见总裁，谈一个很重要的单子。第一个客人说，“白小姐，你的名字真好听。”——白小姐很想听听自己的名字好听在哪，但是那个人并没有说下去，白小姐很失望，便安排他在休息室喝了三个小时的咖啡。第二个客人说，“白小姐，你的衣服真漂亮。”——白小姐很高兴，她想知道自己的衣服漂亮在哪，谁知这个客人直接问她是否可以马上见总裁，一点也没有继续说她衣服的意思，白小姐觉得有些生气，便安排他在休息室等，连咖啡都没有端上来。第三个客人说，“白小姐，你真是个有个性的女孩，你看一般人都会把手表戴在左手腕上，而你却是戴在右手腕，这样特立独行的人一般都很决断、有主见，怪不得白小姐年纪轻轻就能做到总裁秘书，真是不可估量啊。”白小姐一听，还真觉得自己有点与众不同，她十分高兴地将这位客人引见给老总，最后这位客人签下了一个 10 万元的大单。

赞美是一件好事，但绝不是一件易事。赞美别人时如不审时度势，不掌握一定的赞美技巧，即使你是真诚的，也会变好事为坏事。所以，开口前我们一定要掌握以下技巧。

1. 抓住细节巧赞美

真正口才好的人，常常能抓住对方某一细节巧妙赞美。其实对方之所以在细节上投入了那么多的心思，无外乎是希望得到别人的认同和赞扬，因此我们在与人交流时，应善于发现对方在这些细微之处的用意，不失时机地赞美，这不但会使对方得到巨大的心理满足，还会加深彼此的感情沟通。

2. 谦虚请教式赞美

每个人都有好为人师的心理，所以我们可以以低姿态有针对性地去请教他

人，以自己的不足来凸显对方在某方面的优势，这也是赞美他人的一个技巧。恰到好处地使用这个技巧，既成功地赞美了别人，又能给对方留下我们虚心好学的好印象。

3. 赞美的角度很重要

赞美的目的是要对对方表示一种肯定和欣赏，让对方能从我们的话中领会这些含义。然而若是赞美不当，就如同隔靴搔痒，不仅起不到好的作用，反而更像“拍马屁”，引起对方反感。要知道，每个人都有许多优点，我们在赞美时，不仅要独具慧眼挖掘那些闪光点，还要在表达的角度上有所变化。对一个漂亮女人，你不必再说她有多美丽，相信她已经听过很多次了，你可以告诉她，像她这样气质不凡的女人应该去演电影，相信这会让她对你另眼相待。

所以说，赞美的角度很重要，从新颖的角度来赞美将起到事半功倍的效果。

赞美和鼓励是推动一个人进步的重要力量，也是一个人内心深处的人性需求。在这个世界上，人人都需要赞美，人人也都喜欢赞美。正如西方一句谚语所说的：“赞美好比空气，人人不能缺少。”掌握了赞美技巧，不但能在工作生活中帮助我们更好地与人相处，还能改善我们的人际关系，使我们在生活中也受益匪浅。

实际的赞美更显真诚

在生活中，我们听得最多的就是“你真漂亮”“你真聪明”“你真厉害”这种笼统而敷衍的赞美之语，很多人都把它当作客套话并不在意。然而，如果我们能详细地说出他哪里漂亮、怎么聪明、为什么厉害，那么赞美的效果将大为不同。人们都希望得到别人的重视，当我们能够具体地说出他的优点时，这证明我们曾用心而认真地观察过对方，赞美得越具体，说明我们越关注他，所

以这种赞美能让对方充分感受到我们的真诚、亲切和可信。

有一次，赵老师在一所高校做培训，快要结束时，他指着台下一名女同学说，“这位同学特别像香港的一位女明星……”

“像谁？”同学们的好奇心都被勾起来了，大家议论纷纷。

赵老师故作神秘，“大家可以一起猜一猜，那位女明星的名字里有一个欣字。”

“是不是许慧欣？”

“不是，许慧欣没有她的头发长。”

“那是不是喻可欣？”

“也不是，喻可欣比她高一点。”

大家猜来猜去，一时没有答案。赵老师最后笑着揭开谜底，“你们看她的眼睛，水润动人，她的皮肤又白，身材又高挑，像不像李嘉欣？”

大家再定睛一看，还真是有点像李嘉欣，然后她们齐声说：“赵老师说的对！真的很像！”

此种类比的赞美方法简单实用，但有一点需要注意：如果那位明星漂亮或者帅气，你可以放心大胆地说他的长相颇似明星；假如那位明星的长相有点“对不起观众”，你却非要说他俩长得像，那结果可想而知——令人难堪，哭笑不得。此时，你不妨说：“你真幽默，像某某明星。”

有一位老母亲已经 80 岁高龄了，每次看到孩子们回到家看望她，就不住地唠叨，“我已经老了，已经没有用了，是个废人了。”

孩子们觉得妈妈有点啰唆，所以经常回答说：“别那么说，我们都重视你，你老说自己老，我们听着都烦。”

老母亲听了更伤心。

巧妙提问：如果你是这位可怜母亲的孩子，你该怎样说才能让老母亲开心呢？

机智回答：看着老母亲一天一天衰老，孩子们很认真地说：“妈，你别这

么说，其实你是我们家的核心，有你在，我们就有凝聚力，如果没有你，家就散了。别看你技校毕业，但在当时已经是有文化的人了，我们发展得比较好，都是你教育的结果。你常说‘不听老人言，吃亏在眼前’，我在单位向老同志学习，尊敬他们，所以他们都支持我的工作；你还说‘干活不由东，累死也无功’，我知道要尊敬领导，多向领导请教和汇报，领导也喜欢我——这些都是你的功劳啊。”

老母亲听了很高兴，精神也就好多了。

要知道，当你夸一个人“真棒”“真漂亮”时，他内心深处立刻会有一种心理期待，想听听下文，以求证实：“我棒在哪里？”“我漂亮在哪里？”此时，如果没有具体化的表述，是多么令人失望啊！那么，既然具体化赞美能收到如此奇效，我们该如何观察才能发现对方的优点，并以恰当的语言表达出来呢？

我们可以从以下几个方面入手：

1. 指出具体的部位

这是一个适用于对外表赞美的方法，比如夸对方眼睛明亮，脸形好看，气质儒雅，身材苗条，我们可以从对方的相貌、服饰等各方面寻找具体的闪光点，说出具体的欣赏结论，然后给予评价，这自然显示出我们赞美的真诚。

2. 与名人相比较

对于外表的赞美，如果能结合名人来作比较，效果会更好。社会名人和明星往往是大家喜欢甚至崇拜的对象，他们的知名度也比较高。如果你能指出某一个人的整体或某个部位像哪一位名人或明星，自然也提高了他的形象。

3. 说出真实的感想

我们要以事实为根据，引申至对他人性格、气质、品位、才华等方面的赞美。

有一次，客户带王经理去参观他的新会所，一走进大厅，王经理就不住地赞扬道，“张总，这地板颜色真好，让人感觉特别温馨。”张总有些得意：“还行吧，那是我亲自挑的。”王经理紧接着夸赞：“您可真有眼光。”参观休息室时，王经理又说：“这房间的颜色不错，淡灰色给人冷静的感觉，怪不得张

总那么有思想呢！”张总听了他的称赞非常高兴，他们的关系也就处得非常好。

其实，这样的事例并不罕见，它就发生在我们的身边，如果我们能灵活地、具体地去赞美每一个人，那么对我们的工作和生活确实起到了很好的推动作用。

衬托式赞美更加真实

一代文豪莎翁曾说，“赞美是照在人心灵上的阳光”，诚然在人与人之间的交往中，每个人都渴望自己得到来自他人的肯定，因此适当的赞美能表达我们对他人的欣赏之情，也会让你迅速得到对方的好感。但我们要知道，仅仅是赞美还不够，我们的赞美还必须要裹上真诚的外衣，只有这样的赞美，才不会被人视作虚伪的恭维和不怀好意的亲近。

对于赞美的话，人们最重视的莫过于真诚，试想没有诚意的赞美与阿谀奉承有什么区别？因此，如何做到真诚而不轻浮地去赞美别人，是好口才的一个重中之重。如果我们在赞美对方的时候，能够增加一个优秀的人作帮衬，那么将更能显示出你的真诚与实在。听了你的赞美，对方会想：“如果你说只佩服我一个人，我会觉得太假了，可你说只佩服两个人，其中一个是我，那一定就是真的了。”

李振东是某公司一位年轻的销售经理，今天他做东宴请一位重要的官员吃饭，推杯换盏之间，他带着些许酒意对那位官员说，“王局长，我跟您说句心里话，中国这些当官的人里，我特别佩服两个人，这两个人虽然官都做得挺大，但心里始终想着人民，关心老百姓的生活，真是人民的好公仆，一个是咱们县的县长，另一个是……”

王局长笑着问，“另一个是谁啊？”

李振东稍稍正色说道，“另一个就是王局长您了，来，我敬您这位人民公

仆一杯。”

王局长听完满面红光，哈哈大笑，“你这小子可真会说话，那都是我的本分嘛，来来来，干了这杯酒，我们就都是兄弟了，来兄弟，哥哥跟你干一杯！”

李振东忙起身：“真的吗？王局，认了您这么了不起的哥哥真是我李振东的福气啊，以后您一定得多帮帮小弟啊。”

王局长一口答应道，“那还用说，这都是小事情，正好我这次有个项目挺适合你们公司的，你明天到我办公室来……”

我们要知道，赞美具有一种不可思议的推动力量，当你对他人予以真诚的赞美时，就好比用甘甜的泉水滋润他饥渴的心灵。受你赞美的人也就会重视你，肯定你，我们也就能从中获得一种成就感。

赵娜是一位聪明可爱的女孩，有一次她开车不小心违反了交通规则，从直行道上拐弯，被交通警察拦了下来。交警敲了敲她的车窗，“小姐，你违章了，请出示你的驾照。”

“我刚才被前面那大车挡住了，没有看清标线……”赵娜忙着为自己辩解。

交警看着驾照，头也不抬地反问道：“所有人都说没看清，那我就都不罚了？”他听过太多的理由，所以语气强硬而坚定地否定了赵娜的辩解。

赵娜笑了笑，抬起头说道：“其实，今天能被你罚款，我也挺高兴的。”

交警有点好奇：“咳，还真没听说过被罚款还高兴的，说说你是怎么个高兴法。”

赵娜娓娓道来：“我从小就佩服两类人。一类是边防战士，大冬天，他们站岗，眉毛都冻成冰了，还一动不动，真了不起，而我们却在暖烘烘的火炉旁喝着热茶。我们能够享受和平的生活，是由于他们的保卫。我佩服的另一类人就是你们交通警察。说实话，我们坐在车里，风吹不着，雨淋不着，而你们指挥交通，风吹日晒，真辛苦。我们还给你们添乱，真不好意思。今天能被我尊敬和佩服的人罚款，我觉得有些荣幸……”

警察一听，人家姑娘一辈子只佩服两类人，其中就有自己，于是把驾照还

给了她，说：“以后注意！”

“是！今后一定注意！”赵娜爽朗地回答。

当你在赞美对方时，你可以先举出一位大家公认的优秀者，然后将对方与这个优秀的人相提并论，自然表明对方也是出色而优秀的人。赞美部门领导时，这个优秀的人可以是单位的老总；同老总讲话时，这个优秀者可换成本行业的知名人士；同本时代的优秀者讲话时，只能选取历史上的能人与之相配了。总之，这个用于比较的优秀人物应该高于对方。

比如：如果他是经理，你可以这样说：“经理，说实话，咱们单位我最佩服两个人，一个是咱们老总，事业做得大，人又谦逊随和；另一个就是您了，您工作起来总是身先士卒，又年轻肯吃苦，真是我们的楷模……”如果他是老总的话，你可以这样说：“老总，中国企业家中，我最佩服两个人，一个是潘石屹，另一个就是您了……”

毫无根据的夸奖，会让人产生你在拍马屁或者说至少有什么不可告人的目的的感觉，而衬托式的赞美会让人感到你的真诚和不虚伪。口才大师卡耐基曾说：“赞美和恭维有什么区别呢？很简单，一个是真诚的，一个是不真诚的；一个出自内心，另一个出自牙缝；一个为天下人所欣赏，另一个为天下人所不齿。”因此，在赞美对方时，我们要做到态度真诚，夸奖要言之有物，切忌陈词滥调、华而不实和虚伪轻浮。

自嘲式赞美彰显智慧

前面我们说过，倾听是最好的赞美，这只说对了一半，很多时候，对方在与你诉说时，并不满足于你的倾听，正如大文豪大仲马所说，“当一个人向你喋喋不休的时候，仅仅聆听是不够的，你还必须作出相应的赞美”。尤其是

这个人将自己的苦闷、弱点统统告知于你，如果你只是简单地附和，那么一定会让对方心生不满。要知道，人们向别人诉苦时，并不是要得到对方对他缺点的认可，而是在向对方寻求一种安慰。

通过“自嘲”来赞美他人可以使对方敞开心扉与你交谈，因此在赞美他人的时候，我们不妨以自己的缺点、弱势、失败经验为话题，以此增强对方的优越感，提升对方的自尊心，从而让他信任你，坦然接受你。

王丽是一家公司的回访员，有一天她和客户公司的几个人一起吃午饭，对方公司的经理已经结婚生子了，但是外表显得很年轻，和同行的小姑娘们比差不了几岁。席间，那个经理开玩笑地说，“这里的人都没有我大，也就王丽跟我差不多。”王丽看经理这么说了，就自嘲地接了一句，“对对对，我比较显老……”那经理马上接过话头，“哎，你不应该这么说，你得说是我显得年轻，哈哈哈。”大家都笑了，只有王丽有些尴尬。

王丽的自嘲虽然能博得大家一笑，但如果她用的是“经理显得比较年轻”这个说辞，不仅能够逗乐大家，还能恭维一下经理，一举两得岂不更好。其实生活中，这种事情是很多的，如果我们能够留意到这些细节，把话说到位，那么在与人沟通中，想必是会很受益的。

小宇刚刚通过了一家公司的面试，正式成为了白领一员，照理说他此刻应该正是春风得意的时候，可他却很烦恼。让他烦恼的并不是工作上的事，而是他所在办公室的一位老员工的言行，总是让刚接触社会的小宇不知如何是好。

那名老员工姓赵，可以算得上是公司的元老级人物，但是由于岁数大了，学历也不高，眼看着公司新录取的员工一个比一个学历高，工作又热情，他爆发出了浓重的危机感。小宇就坐在老赵隔壁，他天天焦急地问小宇：“我学历这么低，会不会被裁员啊，我可不能被裁员啊，我一家老小都等着我养呢。”“这个电脑怎么上网啊，我连键盘都不会使，怎么查资料啊？”“哎呀，我不会唱歌跳舞那些，公司年会怎么出节目啊……”

小宇仔细思考了一阵，终于想出了个办法，那就是不管老赵把自己描述得

有多惨，小宇都要尽可能地把自己描述得更惨。

第二天，小宇一到办公室，老赵又开始诉说自己学历不高的事，小宁忙说道，“赵老师，您别看我有大学学历，但我现在真后悔当时上学时没有好好学，老逃课去外面玩。再说，现在这社会，人人都知道资历比学历重要，我是个新人，无论是公司的事务还是社会的经历我都是一张白纸，您是老人，您的经验可像黄金一般珍贵，我还需要向您多多学习呢。”听了小宇这一番话，老赵不禁满脸堆笑，“客气客气了，不过我的经验确实很多，你们年轻人要学的还很多呐……”

小宇所运用的是自嘲式赞美法，就是当别人不断地诉说自身弱点，羡慕你的优点时，我们要避开他的缺点和我们的优势，把话题转移到我们的不足之上，让对方感觉你还不如他。通常情况下，人们很少会贬低自己迎合他人，因此你一旦压低自己同别人去对比，就会显得格外真诚，既安抚了对方烦躁的心，也让他找到了自信的感觉。

心理学家说：“不自信的人往往希望在别处寻得自信。”当一个人拿着自己的缺点和不足喋喋不休的时候，正是他在寻求自信的时候，所以这个时候的赞美最容易取得成效。你可以大方地爆料一下自己的缺点，让对方从你这里找到自信或者达到心理平衡。当然，有时候你无法拿自己示例，也可以举一个身边的案例或者道听途说的故事，这样也可以起到劝慰的作用。

自嘲并不是把自己说得一无是处，真正能够做到自嘲的人都是自信豁达的人，一个会自嘲的人，往往就是一个富有智慧和情趣的人，也是一个勇敢和坦诚的人，更是一个将自己上上下下里里外外看得很明白的人。所以在自嘲中我们不仅将我们真诚的恭维送出，同样也将我们深邃的智慧彰显。

第9章 用心说服，用话“牵着他的鼻子走”

在生活中，我们与人交流，肯定想让对方承认自己，赞同自己的想法，那么怎样才能成功说服他人，站在自己的角度认可自己的说法呢？有时候即便我们说得有多么滔滔不绝，但所彰显出来的语言却是软弱无力的，最终无法说服对方。其实，说服也是有一定技巧的，我们需要妙语连连，循循善诱才能深入人心。

了解别人才能更好地说服

所谓说服，是指人们利用自己的口才，很好地向对方说理，使他接受我们的观念，并改变自身态度、行为的一种深具影响力的沟通行为。说服的最终目的是要将我们与对方的需要、愿望相结合，所以，我们首先要做的，就是要了解对方的需要、动机以及忧患，这样才能更好地说服对方。

一个周末的傍晚，许多青年男女伫立街头。他们中间有不少人是等待与情侣相会的。有两个擦鞋童正高声地叫喊着以招徕顾客。

其中一个说："请坐，我为您擦擦皮鞋吧，又光又亮。"

另一个却说："约会前，请先擦一下皮鞋吧。"

结果，前一个擦鞋童摊前的顾客寥寥无几，而后一个擦鞋童的喊声却收到了意想不到的效果，一个个青年男女都纷纷让他擦鞋。

同样是擦皮鞋，究竟是什么原因导致了两种完全不同的结果呢?

从上文中，我们可以知道，第一个擦鞋童尽管礼貌、热情，但他显然没有了解到此刻青年男女们的心理，黄昏时刻，天即将黑下来，皮鞋擦得又光又亮给谁看，而且谁又愿意为擦鞋而擦鞋呢？与他相比，第二个擦鞋童显然是一个口才高手，一句"约会前，请先擦一下皮鞋"，无疑说中了此刻青年男女的心思，在浪漫的约会即将开始的时刻，谁不愿意以干干净净、大大方方的形象出现在自己的爱人面前呢？可见，这名聪明的擦鞋童，借着"约会"的东风，成功地说服了人们光顾他的生意，他的成功，是因为他非常透彻地了解了年轻顾客的心思。

有一位歌星特别爱摆架子，一次要参加一个大型义演的现场节目，时间是晚上九点。可是到了七点，这歌星忽然打电话给唱片公司的经理，说她身体不舒服，喉咙很痛，要临时取消当天的演出。

这位经理听完歌星的话，并没有生气，而是用惋惜的口吻说：“咳！真可惜，这次义演是最大牌的歌星才会有机会亮相的，如果你现在取消倒没什么，反正公司里还有很多小牌明星挤破头要参加。可是如果换了人，电视台一定会不满，以后类似的活动可能你就不会受到邀请了，娱乐圈有那么多后起之秀，想取代你也不是不可能，唉，你还是好好休息吧。”那歌星听后小声地说：“其实我病得也不是特别厉害！要不你八点来接我，我想那时我身体应该会好一点吧。”

其实这位经理很了解这位歌星，她根本就没什么毛病，只是喜欢摆摆架子，因此，他找准了对方拒绝的真实原因，进而有针对性地进行说服，结果我们都知道了，他成功地说服了这名歌星。

如果我们要运用口才说服他人，首先就必须先透彻地了解对方的想法，只有对别人的思想、感觉、看法了解得越清楚，我们的说服力才越强，才越能够替别人剖析疑难、指点迷津。我们可以从以下几个方面入手：

1. 了解对方的性格

不同性格的人对同一事物的接受程度是不一样的，如果对方是急躁性格，我们可以用激将法来说服；如果对方是稳重性格，我们可以对他剖析利害；如果对方有些自负，那么适当的赞美也可以达到说服的目的。可以说，掌握了对方的性格，就可以按照他的性格特征，有针对性地进行说服。

2. 了解对方的长处

一个人最关心、最了解的往往是他自己最擅长的领域，如有的人喜欢养花、养鸟，享受生活；有的人喜欢舞文弄墨，陶冶情操；有的人擅长商场拼杀，享受工作的乐趣等。那么，我们在说服不同的人时，就要从对方的长处入手，这样既能与他达成共识，得到对方认同，另外也更容易说服他。

3. 了解对方的真实想法

有时候，我们说服别人陷入“瓶颈”，无论怎样动之以情、晓之以理，对方就是不为所动，这时我们就要好好地思考一下。如果一个人一直坚持某种想法而不改变主意，那么他一定是有更深层次的原因。因此，我们要设法了解对方当时的情绪和是否有其他原因影响他，找到影响对方的真实原因，如果能真正了解他的苦衷，就能有针对性地加以解决。

了解对方是有许多学问的，许多人不能说服对方，就是因为他没有仔细研究对方，也没有采取适当的表达方式，就急于去说服。这就像那些粗心的医生，对病人的病情不了解就开了药方，这只能使病情更糟糕。

说服别人也要注意场合

我们不难发现，生活中场所对说服的作用是很重要的，比如，有些企业家总是在酒桌上谈生意，推杯换盏之间就能成交；有些青年男女则喜欢在咖啡厅、电影院等私密些的地点向对方表露感情，既浪漫又能推动感情发展。所以，如果你想成功地说服对方，就需要考虑到周围环境的影响，如果场所不对、气氛不对，那么很可能会事倍功半。

秋白和丽香已经交往了 3 年，这天，秋白准备向丽香求婚，便约丽香一起去看她最喜欢的明星演唱会。演唱会现场十分火爆，台上台下都是歌声的海洋，秋白看丽香正忘我地跟歌星合唱，不禁想起了今天的重要任务。他拉起丽香的手：“丽香，我想问你，是不是愿意……”

“什么？你说什么？我听不到！哇！听现场唱的效果果然不一样！”丽香兴奋地喊着。

于是，秋白又再次大声地说：“丽香，我们什么时候结婚！”

“你疯啦？在这种时候开玩笑，快听歌，好好听。”丽香依旧兴奋地看着

舞台上的歌星。

“我在跟你说正经事，你却这个样子，算了，算了。”秋白十分生气，转身就离开了。

好端端的求婚，结果闹得不欢而散，这里面主要是因为秋白没有选对一个适合求婚的场所，由此看来，不会选择场合说话不仅达不到说服对方的目的，反而还会搞得彼此不愉快。

在某工地上经常发生工人冲突，有时是因为分工不均，有时是因为一些鸡毛蒜皮的小事引起的口角，工头三天两头地向李经理抱怨，说这些工人太顽劣，实在不好管。

巧妙提问：如果你是李经理，面对这种情况，你该如何解决呢？

机智回答：李经理听工头说完，当时并没有表态，但从那以后每天中午、晚上吃饭时，他总端着饭盒和工人们一起吃，一边吃饭一边聊聊当天的事情，彼此闲话家常一番，让工人感到无比的亲切。后来工人间再发生任何问题，只要李经理一出面说服，问题就能解决，因为大家都对他十分信服。

在体育比赛中，主客场之分是十分明显的，如果一个球队在自己的主场比赛，观众会“一边倒”地为自己的球队加油，所以我们常说，一个队伍在自己的主场比赛会有“主场优势”。这种在自己的场地上做事，对自己更有利的现象在心理学中被称为“主场优势效应”。由此可见，人是很有领域感的，李经理就是充分利用了“主场优势效应”，主动进入到工人的工作生活领域，得到工人们的认同感，这为之后的成功说服打下了坚实的基础。

说服时必须选择能够让对方安心“听话”的场所，才能事半功倍。在选择最容易达到说服效果的场所时，可以从以下三点考虑：

1. 选择舒适的、不易分心的场合进行说服

人在社会上生存，有时会不得已戴上面具，久而久之，就会形成在什么场合戴什么面具的习惯。比如，上班时一本正经，回到家后，就会随和得很。要说服对方时，就要考虑到这一点，在对方比较随和的时候进行说服。而在舒适

的场所，如娱乐场、餐厅、家中等场合，多数人都会卸下严肃的面具，使气氛变得和悦。这时，什么话都可以商量。所以，说服的高手，还要会选择场所。

2. 根据双方特点选择有利于说服的场所

想要说些对自己有利的话时，可以选择自己常去且较适合自己的地点。因为有那种所谓的熟悉地盘的安心感，所以也不用很小心翼翼地注意着四周，能够更安心地进行说服。相反的，若是对方是个很难被说服且有高度警戒心的人，选择去对方较熟悉的地点，反而能让他放松心情、解除戒备，较利于说服的进行。两方实力差距很大时，占上风者总希望到对方的场所去。下级到上级家中去，就有很大的压迫感，不能畅所欲言。

3. 公众场合好还是私密场合好

公众场合的说服，能使在场的其他人也了解说服的内容。这样，当对方事后佯装不记得时，在场的人可以充当证人，让对方不敢佯装不知。然而，公众场合的说服也有很大的不足，就是四周人群的存在，会给对方带来心理负担，因面子上过不去而产生抵触的心理，增加说服的难度。因此，对于某些自尊心强的人来说，选择私密场合进行说服，阻力会更小些。

选择最有利的场所，能够提高说服力。可是，有时候自认为选择了一个很适当的地点，但就是不知道为什么总说服不了对方的情况也有。这时候，换个场所看看，比如从狭窄的地方换到宽敞的地方，从宽敞的空间换到狭小的空间，从明亮的地方换到昏暗的地方等。也许因为场所的突然改变，说服成功的概率因而大大提高了。

利用共同之处说服他人

在口才技巧中，“认同”被认为是双方相互理解最有效的方法之一，也是

说服他人的最有效的方法。“认同”就是人们在自己的说服对象身上寻找双方的共同点，比如共同的职业、共同的信仰、共同喜欢的电视节目等。如果我们能够通过共同点抓住对方的心，在此基础上结合听、问、辨等技巧，必能使他人心服口服。

一天晚上，老王正在房间里睡觉，突然从外面窗台上跳进来一个年轻人，几步就冲到他床边，用一把明晃晃的匕首抵着他的脖子，对着他厉声叫道：“不许动，把你的钱都拿出来！”

老王吓得肝胆俱裂，连连称是，但却怎么也起不来床，那盗贼更凶狠地瞪着他，“还不把钱拿出来，真要我捅你一刀才拿么！”老王哭丧着脸哀求道，“我有非常严重的风湿病，手脚疼痛难忍，你这一来，我一害怕，就更使不上力气了……”

那年轻人一听，口气马上就变了，“哎，我爸爸也是风湿病，不过他还没到起不来床的地步，你这病有多长时间了，平时都吃什么药啊？”

老王哆哆嗦嗦的回答他的问题，从水杨酸钠到各类激素药都说了一遍，那年轻人听了连连摇头，“水杨酸钠不是好药，那是医生用来骗钱的药，吃了它不见好也不见坏，后来我就给我爸买了别的药，比这个管用多了。”两个人热烈地讨论起来，特别对一些骗钱的药物的看法相当一致。两人越谈越热乎，年轻人已经在不知不觉中坐在床上了。老王看着那年轻人说道，“小伙子，你看今天咱们这个缘分真是巧，不如你帮我把旁边酒柜里的酒拿出来，咱们爷俩喝点，庆祝一下。”

那小伙子说：“不如你去我家喝，我爸爸正好也犯酒瘾呢！”

老王苦着脸说：“好是好，可是我手臂太疼了，穿不上外套。”

小伙子说：“我可以帮忙。”然后他帮老王穿戴整齐，扶着老王出了门。老王不忘笑着打趣他，“小伙子，我家你认识了，下次我要是犯风湿病开不了门，你就还从阳台翻进来吧。”

一番话说得那小伙子十分不好意思。

短短的时间里，老王竟然跟小偷成为朋友，这份缘分无疑是因为“风湿病”这个纽带才连接起来的。我们要使初次见面的人与你接近，最好的方法就是找出两人的共同点，即使是很小的共同点也无所谓，当双方的共同点越来越多时，距离也会越来越近。这样一来，就好说服多了。

隔壁新搬来一对夫妻，小雨作为社区志愿者，主动去拜访他们，然后请他们为残疾儿童募捐，但这对夫妻正因水管漏水问题与物业争吵，听小雨讲完来意后，就不假思索地拒绝了，同时还用力关上了门。

小雨敲开隔壁家的门，看见女主人正一脸不善地看着她，她忙介绍了下自己，然后说，“听说你们刚搬过来，我代表社区志愿者想认识你们，正赶上你们的水管漏水了，让我看看能不能帮上忙？”对方的态度明显变地缓和了些，脸上也有了些笑容。小雨主动帮这对夫妻联系物业，跑前跑后地帮他们处理水管漏水问题，最后终于修好水管后，那对夫妻已经将小雨当成了自己的好朋友。在如此融洽的感情衬托下，小雨委婉地提出了自己的来意，对方一口答应，并大方地捐了几百元。

在说服的一开始就寻找双方的共同点，这有利于加强彼此的感情。这种共同点越多，双方的感情也越显得密不可分，即使对方是很顽固的人，也会很容易被说服。小雨与那对夫妻同住在一个小区，这就是一个最明显的共同点，她利用这一点帮助他们解决困难，这样就显示了对别人感情的尊重。在这个基础上，再委婉地提出募捐的要求，就让人难以推却。

有时候，当我们无法说服对方，始终与对方处于对峙情况时，不妨以“其实我和你一样，也一直在考虑这件事”作为突破口，展开话题。

人与人总是有共同点的，这需要我们去挖掘，当你在谈话过程中发现双方的一个共同点时，必须继续找出更多的共同点。你要不断地反复强调彼此之间的共同点，让对方产生“他的想法和我一样”这种认同意识，这样，就可以促使对方错误地认为“对面那个人和自己是同伙”。这对你的说服工作会更有帮助。

只要你去寻找的话，双方之间一定会存在一些共同之处。即使你一时没有

找到有说服力的共同点，你也可以试试下面这种说法：“我们之间至少有一个共同点，那就是我们双方都有解决这个问题的热忱。既然如此，我们不妨继续努力，一定可以找出其他共同点。”由于你一再强调共同点，对方自然而然地就会慢慢地开启他的心扉。

有了信任才能更好地说服

说服别人的过程，也就是逐渐攻破被说服者的心理防线的过程，只有首先获取了对方的信任，让对方逐渐“认同”你，和你产生心理共鸣，才更容易说服对方，从而达到理想的说服效果。

林肯很善于找到适合自己的表达方式来征服民众。在一次总统竞选中说道：“南伊里诺伊州的同乡们，肯塔基州的同乡们，密罗里州的同乡们，我听说在场的人群之中，有些人想和我为难，我实在不明白你们为什么要这样做？因为我也是一个和你们一样的平民，那么为何我不能和你们一样拥有发表意见的权利呢？亲爱的朋友，我并不是来干涉你们的人，我也是你们之中的一分子！”

“我生于肯塔基州，长于南伊里诺伊州，都是和你们一样从艰苦环境中生存过来的人，所以我了解你们，而你们也应更清楚地认识我，知道我不会做不利于你们的事。所以同乡们，请让我们以友好的态度交往，绝不干涉任何人。因此，我现在对你们诚恳要求，请求你们允许我说几句话。那么，现在让我们诚恳地讨论一个严重的问题吧……”

林肯的演讲口才世界闻名，但是他一上台演讲并不是像其他竞选者那样夸夸其谈地对自己的选民们承诺什么，而是找准切入点，以平易近人的态度来拉近和选民的距离，博得选民的支持。

怎样首先获取对方的信任呢？

1. 取得心理共鸣

有这样一句格言“人的心和降落伞一样，必须是开的才有用” 。想要获得对方的信任，就要使对方首先敞开心扉，取得心理共鸣。首先必须要话题投机，态度观点一致，才能让对方有知己感，进而赞同你的想法。如果话不投机，难以消除人们之间的对立情绪，使对方和你有心理隔阂，自然不愿听你说话，不愿和你亲近，也就不能达到说服的目的。

在尝试说服某个人时，不妨先避开对方的忌讳，从对方感兴趣的话题说起，先从情感上取得一致性，然后从细节处扭转对方的观点，进一步赞同你的想法。比如，曾学过的《触龙说赵太后》就是先说自己“偏爱小儿子”迎合了赵太后的心理，然后再说宠爱子女要“为之计长远”逐渐攻破了老太后的心防，取得了她的信任，才能最终达到目的。

2. 有具体的数字和资料支持更能取得对方信任

对于理性的人来说，更容易从具体的数字和资料方面分析获得信任。比如一句广告“一年卖出三万多杯，杯子连起来可绕地球一圈”就是具体的数字资料，说明其受欢迎的程度，更容易得到消费者的信任和喜欢。尤其对于业务营销来说，想要说服某个大客户，一定要提供详细专业的技术资料和销售情况以及其他客户的反馈，更容易得到对方的信任，对普通消费者来说，专业资料反而不容易受欢迎。

3. 用实例来取得信任

很多推销者往往这样说服客户“你的同事 / 邻居 / 好朋友某某也用过这个产品或者也买了这个产品”，或者“我自己也用这个牌子的护肤品，你可以看看我的皮肤。”等这样直观的实际例子更容易取得对方的信任，关键是所举例子最好是对方熟悉的、有好感的人，否则以对方讨厌的人做例证，往往引起反感，也就不容易达到目的。

4. 用自己的人格取得信任

当对方把你当成朋友，往往更容易接受你的说服。很多保险等行业的业务人员就是这样做的，他们往往不会直接说服客户，而是往往先和客户成为朋友，当然并不讳言自己的职业，当交情达到一定的程度以后，对方有这方面的需求，自然而然就很容易找上他们，这种长期的营销策略更容易博得别人的好感。比如有个公司，在每个节日都会为每个家庭寄上一张贺卡，并署名自己的公司，有需求的时候，人们首先想到的往往就是这个公司。这也属于一种隐晦的说服术。

5. 层层分析释去别人的疑虑

一个人对某件事情想不通，往往会疑虑重重，并不一定是对劝服者不信任，仅仅是对道理不理解，这时候就要用层层释疑的方法把道理说透，进行全方位各角度的分析，一点点释去对方的疑虑，才可能说服对方。

张仪曾经游说韩国与秦国“合纵”，共同攻楚，韩王心存顾虑，张仪是怎样说服对方的呢？他说，韩国山地险恶，国家储备粮食不足，士兵不过二十万。秦国有百万大军，且士兵勇猛敢于赤足露身追杀敌人。山东各国的兵力虽然不错，但只有在披甲戴胄的情形下才敢战斗，而且人心不齐。两者相较就如把千钧的力量加在鸟蛋上，山东各国必然没有胜算。如今大王不服从秦国，秦必然发兵，大王的国家就要倾覆，不如亲附秦国而共同攻楚，把战祸转嫁给楚国，还能讨秦国欢心。

一番形势分明的分析之后，韩王释去了心中疑虑，听信了张仪的策略。

攻心说服最基本的技巧是巧妙地诱导对方的心理或感情，以使被说服者信服。所以最好使对方获得心理上的优越感或满足，以迎合对方的心理，而千万不要试图批评或改变对方的想法。

巧言说服的关键要素

我们都知道，在人际交往过程中，良好的当众表达能力往往能够使人际关系变得融洽。而在表达的过程中，也就不可避免地会遇到双方观点不同的情景，如果处理不好，往往会给人际关系造成直接或间接的伤害，因此说服技巧和处世应变能力就成了维系人际关系的重要因素。我们总结了在日常生活中可能会运用到的说服技巧，它们将会帮助你消除尴尬，避免人际交往过程中因观点不一致所造成的麻烦。

某企业要生产一种新型产品，对各个配件的规格要求十分精确，然而当工厂将零件的半成品交工时，竟被发现尺寸全不符合要求，由于生产工期很紧，总经理只得要求工厂尽快重新制造。但工厂负责人认为他们是完全按照企业的规格制造的，不想再重新制造，双方僵持了许久。总经理见局面如此，便对工厂负责人说，“我想这件事完全是由于我们企业设计不周所致，而且还令你吃了亏，实在抱歉。今天幸好是由于你们帮忙，才让我们发现竟然有这样的缺点。只是事到如今，事情总是要完成的，你们不妨将它制造得更完美一点，这样对你我双方都是有好处的。”工厂负责人听后，很快就同意了重新制作零件。

其实说服在很大程度上，是对对方感情的征服，当人们运用情感这一说服技巧时，才能做到推心置腹，动之以情，讲明利害关系，使对方觉得你们是在公正地交换各自的看法，而不是抱有任何个人的目的。这种技巧常常具有极强的说服力，要做到这一点，“知己知彼”十分重要，唯先知彼，而后方能从对方立场上考虑问题。

有一位中学老师接管了一个差班班主任工作，正好赶上学校安排各班级学生参加平整操场的劳动活动。这个班的学生都躲在阴凉处谁也不肯干活，老师怎么说都不起作用。

巧妙提问：如果你是这个班的班主任，你要怎么说服这些学生出来劳

动呢？

机智回答：老师问学生们：“我知道你们并不是怕干活，而是都很怕热吧？”学生们谁也不愿说自己懒惰，便七嘴八舌地说，确实是因为天气太热了。老师说：“既然是这样，我们就等太阳下山再干活，现在我们可以痛痛快快地先玩一玩。”学生们一听就高兴了。老师为了使气氛更热烈一些，还买了几十个雪糕让大家解暑。在说说笑笑的玩乐气氛中，学生们接受了老师的说服，不等太阳落山就开始愉快地到操场劳动了。

当老师和学生在彼此观点存在分歧的时候，老师曾试图通过说服来解决问题，结果却发现遇到了前所未有的困难。其实，导致说服不能生效的原因并不是老师没把道理讲清楚，而是由于老师和同学固执地踞守在各自的立场之上，不替对方着想。如果换个位置，把“不想劳动”换成“天气太热，凉快些再劳动”，同学们就不会拒绝老师的提议了，老师的说服工作也就取得了成功。

如何去说服对方是我们日常生活中经常遇到的。那么，到底怎样才能巧妙地说服对方呢？以下是一些简单实用的说服技巧，掌握这些技巧你会发现说服别人不仅是一种挑战，而且是一种快乐。

1. 利用情感说服

一般情况下，平庸的说服者总是开门见山地提出要求，结果往往是与他人发生争执，谁也说服不了谁；而优秀的说服者则会先与对方建立一种感情，这种感情可能是相互之间的信任、同情，也可能源于对某一事件的相同看法，这样，当遇到说服“瓶颈”时，你可以这样说：“我很理解你，要是我，我也会这样做。”这样就显示了我们对别人感情的尊重，别人就会对我们产生好感，我们说服的话才能继续进行下去。

2. 利用熟悉的场所说服

就像体育运动中的“主场优势”一样，说服也会因场所的不同而取得不同效果，心理学家证明，一个人在自己家里或自己熟悉的环境中比在陌生的环境中更有说服力。所以，要想成功说服对方，我们就应该多多利用我们熟悉的场

所，比如自己的家、自己的办公室，当这些条件不能满足时，我们要尽量选择中性环境，这样对方也没有“主场优势”，双方可以在相对平等的环境中交谈。

3. 利用具体的事例说服

我们在看广告时，是详细介绍产品功能、用法的广告吸引你，还是介绍某人使用产品后的成效更能刺激你的购买欲？优秀的说服者都清楚，在日常生活中，你要说服别人，就要旁征博引，多使用具体的例子，这比一味的说教要管用得多。

4. 利用先扬后抑说服

如何来说服对方，让对方听从自己的观点，在社会交往中，这是很不容易的事情。有些固执己见的人很难听进别人的话，更别提要他改变主意了。那么，在这样的情况下，我们该怎么来说服对方呢？你不妨试试先扬后抑的方法，就是当我们要说服对方时，可以先承认对方的观点“正确”，然后以对方的理论推导出荒谬的结论，然后，逐一反驳对方的观点，最后得出正确合理的结论。

5. 用事实说服

俗话说，“事实胜于雄辩”，所以当我们以情、以理都不能说服对方时，不妨用事实来说服对方，这样对方的任何反对理由都是站不住脚的。列宁曾说：“如果从事实的全部总和，从历史的联系去掌握事实，那么，事实不仅是‘胜于雄辩的东西’，而且是证据确凿的东西。”因此，用事实说服也是一种简单实用的说服技巧。另外，在我们想要说服别人的过程中，如果我们自己没有把握说服别人，不妨搬出权威来，让对方向真理低头，这也是一个好办法。

这些说服别人的技巧每天都会在不同的时间、不同的地点上演，然而有些人因为掌握了其中的精髓而使自己的人脉网络得到了应有的保护和拓展，而另一些人则因为某个细节处理不当而失去了潜在的人脉资源。你最终会成为哪一种人呢？

说服的方式多种多样

说服是一种能力，它使人们认同你的观点、态度或你提出的行动建议，做出你所希望的决定。正如亚里士多德所指出的那样，它涉及运用听众的推理和理解方式，而不必是你自己的。在生活中，随时可能遇到要说服别人的情况，你需要说服的对象可能是你的父母、你的上司、你的顾客、你的朋友，如果选择了不正确的说服方式，说服就难以达到理想的效果。

一天，王老师给他们班的学生出了一道题，他发给四名同学每人一张小纸条，上面写着：由你来领导本班，要让大家全部自动走出室外。

第一位同学不知道怎么办才好，放弃了题目，回到座位上。第二位同学对全班的同学说：“王老师要我命令你们都出去，听到没有？”全班没有一个人走出室外。第三位是这么做：“大家都听好了，现在教室要打扫，请各位离开！”但仍然还有一部分人留在教室内。

第四位同学看了纸片上的题目一眼后，微笑着对大家说：“好，各位，午休时间到了，现在下课！”不出数秒，全教室的人都走光了。

在说服别人时，我们首先要做到观点正确、条理清楚、陈述具体，动之以情，晓之以理，再综合运用各种说服方法。具体的说服方法有以下几类：

1. 循循善诱式

循循善诱式指有步骤地、耐心得当地巧妙诱导对象，使对方按照设定的方式思考。

美国总统罗斯福在任总统前曾在海军任职。一次，他的朋友向他问及美国关于建立舰艇基地的一项具体计划。罗斯福在回答时首先小声地问：“你能保密吗？”朋友脱口而出：“能。”罗斯福接过话头，说：“你能我也能。”罗斯福先利用提问者的急迫心理，巧妙地诱导对方表态，然后利用对方的话封住对方的嘴，使对方无计可施，从而保守了机密。

2. 巧用辞令式

巧用辞令式就是充分发挥语言的表情达意的作用，采用一系列修辞方式，如比喻、暗示、类比、夸张等达到说服的目的。

齐景公喜欢射鸟，而烛邹负责掌管那些鸟，可因为意外所有的鸟都飞走了。景公打算杀了烛邹。晏子去进谏，他并不直接说不能杀烛邹，而是说要当着国君的面列出烛邹的罪过。晏子说："烛邹，你为国君掌管鸟而丢失了鸟，是第一条罪；使我们的国君因为丢鸟的事情而杀人，是第二条罪；诸侯们知道这件事后，以为我们的国君重视鸟而轻视人，是第三条罪。晏子的话表面上看好像是在斥责烛邹的罪状，言外之意却在委婉地提醒景公杀烛邹的错误，从而说服了景公。"

3. 激将式

激将式就是利用人们的自尊心和逆反心理积极的一面，从相反的角度，以"刺激"的方式达到正面鼓励的效果，使其接受建议。在使用激将法时，一定要注意言辞的分寸，既要防止过度，又要避免不及。

有一位老总到香港开会，来到一家珠宝店，对一枚钻戒很感兴趣，但嫌价格太贵，犹豫不决。接待的小姐见此情形，笑着对他说："您真有眼光，昨天有位欧洲的王子也是一眼就看中了这枚戒指，后来因为贵没买。"这位老总听后，马上付钱买下了这枚钻戒，而且还得意非常。这就是劝将不如激将的神奇效果，当顾客听说某亲王也喜欢这枚钻戒，但因为太贵没买时，强烈的自尊心被激发了出来，自然不顾价格的高低了。

4. 引证权威式

就是用对方熟悉的人或事作为具体的例子进行说服。香奈儿 5 号香水的广告中，没有一句介绍化妆品的成分用法和注意事项，也没有说产品如何诱人，只是让性感影星玛丽莲·梦露说了一句话："我只穿有香奈儿 5 号香水的睡衣睡觉。"从而让不少的女人涌起购买的欲望。

在生活中，我们每个人都有说服别人的经历，可是有时候效果很好，有时

候却没有效果。这是为什么呢？原因有可能在于我们采用了不同的说服方式。古话说：与人方便，与己方便。其实这就是上文中第四个同学说服方式的最好注解。让自己的目的和对方的一些意愿或者切身利益结合起来，用这个来说服别人，结果一般都是双赢。

要让对方无心说“不”

美国明尼苏达大学的马可·辛德和麦可·康尼汉做了一项实验。他们随机打电话给 30 个人，问他们是否愿意回答公共服务机构的 8 个问题，结果有 25 个人同意。接着他们又打电话给另外 30 个人，问他们是否愿意回答 50 个问题，结果有 24 个人拒绝。

过了两天，他们以另一研究机构的身份，打电话给第一批愿意回答的人，问他们是否愿意回答 30 个问题，结果近 70% 的人表示愿意，接着又打电话第二批拒绝回答的 24 个人，问他们是否愿意回答 30 个问题，结果，只有 12% 的人同意。

这项研究证明：开始说“是”的人，他就会继续说“是”，相反，开始说“不”的人，就会一直说“不”。如果说服对象已持有较顽固的己见，直来直去的说服，往往会碰钉子。因此，如何利用技巧引导对方说出‘是’，是非常重要的一课，口才高超的说服者，不会让对方说出一个“不”字。

情人节当天，有一个帅气的男孩来到某品牌口红专柜前，他显然是被琳琅满目的口红颜色晃花了眼，导购小姐微笑着问他：“你好，是想为女朋友选个口红做情人节礼物吗？”

男孩腼腆地笑了一下：“是有这个打算。”导购小姐说，“那请问你要买哪一种颜色的口红？”男孩十分犹豫，“这个……我也说不好，我女朋友现在

正在路上，一会儿就会赶过来，你问她好了！”

“先生，你这种想法是不对的啊，如果你要送口红给女朋友，那口红的颜色就应该是你来决定呀。”导购小姐说，“是不是你要买口红送给你的女朋友？”

男孩子说：“那是自然了！”

“你是不是希望你的女朋友擦给你看？”

男孩点点头说：“是呀！”

“那么在一些非常好的气氛下，她是不是会一点一点地擦给你看呀。”

男孩虽然有点不好意思但还是点点头，于是被导购小姐的话打动了，于是他一下了买下了 16 支口红。

我们都知道，如果在谈话的一开始就能起个好头，那一般都会有一个比较完满的结局，因此，要说服人，就一定要有好的开头，一开始就让对方不得不点头称“是”，接下来让他连续不断地说“是”，直到达到你的目的为止。

小伟是一家网络服务公司的高级设计师，专门负责帮其他公司设计宣传网站，这次他交给对方的方案是以红色为主要背景色，色彩鲜艳，令人记忆犹新。偏偏对方负责人偏爱淡蓝色，强烈要求他把颜色换成蓝色。小伟凭借自己的经验知道，如果按对方的要求更换了颜色，这一单生意是没有问题，但对方并不能依靠这个网站得到收益，到头来还是影响自己公司的声誉。

顾客：怎么是红色的，我不是告诉你了么，我要蓝色的背景！

小伟：是吗？为什么不要红色的？

顾客：红色的不好看，而且太显眼了。

小伟：你做网站的目的是宣传你们公司的产品是不是？

顾客：是的。

小伟：那你是想让顾客容易记住还是记不住？

顾客：当然要容易记住啦！

小伟：请问人在看东西的时候是兴奋的时候更容易记住还是平淡的时候容易记住？

顾客：当然兴奋的时候容易记住。

小伟：请问红色是不是给人兴奋的感觉？而蓝色会让你感觉平静？

顾客：是的。

小伟：所以用红色更能达到宣传的效果是不是？

顾客：好像有道理的，那就不要换背景了，就用你的方案吧。

要使对方回答“是”，提问题的方式是非常重要的。什么样的发问方式比较容易得到肯定的回答呢？最好的方法应是：暗示你所要想得到的答案，并以此来引导对方。

巧妙运用“是”字战术，对说服别人是相当重要的。日本著名心理学家多湖辉认为：要说服人，得从对方不得不回答“是”的问题开始，这样，他的自我防卫就会松懈，接下来的问题也会很容易回答出“是”。如果一开始就让对方回答“不”的问题，他的防备会更坚固，你也就无从下手了。

循序渐进的说服技巧

俗话说：心急吃不了热豆腐。说服他人要有耐心，要学会步步为营、循序渐进，切忌快刀斩乱麻。毕竟，任何事情都不可能一蹴而就，说服也是如此，因为被说服人的思维惯性和既成偏见是相当顽固的。面对这种情况，如果我们想急于求成，那只能是让对方对你产生反感情绪，说服自然也就不可能达到良好的效果。

有一个心理学家，很善于帮助女性走出失恋的痛苦，有一次来了一位女性，一进门就哭闹着说自己被男友抛弃了，并在心理学家面前大发牢骚，好像就是心理学家让她失恋了一样。但心理学家却表现得很坦然，他在与这位女性聊天的时候，先是聊些大众化的问题，慢慢地解除对方的陌生心理。大约 20 分钟后，

这位女性把自己因何而失恋的故事告诉了心理学家，心理学家对症下药，很快让这位女性脸上出现了笑容。

现实生活中，成功地说服别人并不是一件轻而易举的事，任何人都有一旦坚持了一种看法或观点，那就会形成相当顽固的思维惯性。因此，当我们在进行说服时不可心急，要学会用循序渐进的技巧，来逐步说服对方。

对此，要注意以下几点：

第一，说服他人，要先从对方情感的角度出发，采用由小到大的幅度，招招紧跟地说服方法，一步一步具体而又细致地为对方剖析情势，为其出谋划策，这就一步一步地把双方的心理距离拉近了。

第二，遇到十分固执的对象，可以采用以迂为直的策略，先聊一些与实质性问题较远的其他话题，再由远及近一步步切入实质性问题。这种方法的好处是能逐渐拉近双方心理的距离，层层铺垫、步步深入地引导对方。

第三，如果在说服别人的时候，一开口就触及到了核心部分，势必会给对方带来不必要的压力。自然对方不会轻易接受你的说服。

当然，再好的说服方式也需要适当的时间和场合，孟子就说过："天时、地利、人和乃作战取胜之道。"要选择有利于说服的环境，再配合以适合的说服方式，才可收到预期的说服效果。否则很可能事倍功半，甚至事与愿违。

第 10 章
幽默风趣，风趣的语言使沟通更和谐

幽默是一种特殊的情绪表现。它是人们适应环境的工具，是人类面临困境时减轻精神和心理压力的方法之一。幽默是一种最生动的语言表现手法。与幽默的人相处、谈话是非常有趣的事。如果与人发生争执，或是各自坚持自己的意见，幽默常常可以助人立于辩论的不败之地，并且化争执为会心一笑。

巧用幽默的方式毛遂自荐

事实上，我们可以发现，那些自荐成功者的言辞必当不是千篇一律的，他们更善于运用形象和幽默风趣的语言。用形象和幽默风趣的语言有助于增强语言的吸引力，融洽和活跃谈话气氛。

一位大学毕业生走进一家报社问道："你们需要一位好编辑吗？"言下之意自己当然就是"好编辑"，语言很是自信。

"不！"拒绝却是那么干脆。

"那么，好记者呢？"语言还是那么自信。

"不！"拒绝还是那么干脆。

"那么，印刷工如何？"追问依然坚韧。

"不！"看来是没戏了。

"那么，你们一定需要这个东西。"这位大学生从公文包里拿出一块精美的牌子，上面写着："额满，暂不雇用。"

报社主任笑了，但也开始用一种新的眼光来审视面前这位年轻人了。最后这位年轻人被录用为报社发行部经理。

这位年轻人为什么能获得一个试用的机会？这是因为他在向报社主任一次次自我推销被拒后，采取了一反常态的幽默法，让报社主任为之一笑，进而给其一个机会。而事实证明，他的能力与其制造幽默的能力是相当的。

因此，在面试交谈中，应试者要注意避免使用枯燥、干瘪呆板的语言，尽量使用生动、形象、富有情趣的语言介绍自己，给主试者以感染力，增强对你

的好感和信任。用幽默风趣的语言来回答、解释对方的提问，可以活跃谈话气氛、消除尴尬，缩短双方之间的距离。当在面试过程中出现双方难堪局面的时候，你可用一句幽默的话岔开。说一句能引起对方发笑的话，就可以把双方不愉快的感情冲淡，使谈话能友好地继续下去。

在很多场合，很多人都喜欢愉悦轻松的气氛，那么先来段幽默的自我介绍则是渲染气氛的开始。同样的，求职场合也是如此，我们再来看一个求职者的求职信中的一段话。

“我貌赛潘安，义超关羽，智胜孔明，上知天文，下晓地理，出口成章，提笔成文，懂阴阳，测八卦，知奇门、晓遁甲的，大豪杰，大英雄，大剑客，大宗师，人称山崩地裂水倒流，赶浪无丝鬼见愁，前无古人、后无来者的，天下第一——‘帅’呀！”

这里，这位求职者不免有些自夸的成分，但言语间却尽显其自信幽默。我们再来看一位求职者在填写求职登记表时的一段记录：

杰克曾经留学英国，因此，他对欧美国家的文化背景和职场习惯有一些了解。

他曾经参加过这样一个面试：那是个星期五下午，不知出于什么原因，他穿着牛仔裤就去面试了。经过口语听力测试、电脑水平测试后，那美国人的表情告诉杰克他非常满意。但他突然冷不丁地问杰克：“请问你为什么穿牛仔裤来参加面试呢？”杰克急中生智，快速答道：“今天不是周五吗？周五不是‘便装日’（Casual Day）吗？”

原来，杰克原来在另一家美国公司工作时，发现周五总是有一幅漫画贴出来，漫画上的公司职员都穿睡衣、着拖鞋，睡眼惺忪的模样，旁边标注着大写的“Friday”（星期五）。果然不出所料，“老美”哈哈大笑，杰克自然顺利地得到了这份工作。

的确，面对如杰克这样幽默的求职者，作为用人单位的负责人，我们可能也会产生一探究竟的好奇，也愿意给这样的求职者一个机会。

在面试中，即使运用幽默法，你还应注意：把握自己的语速，语速最好是不快不慢。一般来说，面试中的问答是平铺直叙的，如介绍自己的一些基本情况，谈谈对公司前景的看法等。所以，没必要慷慨激昂、振臂挥舞。口齿要清楚，说话时注意句与句之间的间隔，使人感到你思路清晰、沉着冷静。另外，在面谈时还应注意语气要平和、语调要恰当、音量要适中。

幽默的语言提升你的交际能力

我们不难发现，真正在职场上功成名就的人都是有些幽默感的，很多职场危机都在他们幽默的语言中被淡化。这些人无论是老板、管理者还是普通员工，都能够在日常工作中充分运用幽默的语言来缩短与他人沟通的距离，因此他们离成功的宝座也就会越来越近。

古时候，有个军师很聪明，但将军不喜欢别人总是夸赞他，因此总想找个由头羞辱一下这位军师。这天，将军把军师叫来说话，问道："有一个大坑，深一丈，方圆也一丈，让你跳进去，你有什么办法出来吗？"

军师低着头，想了想，问道："有梯子吗？"

将军说："当然没有梯子，若有梯子，还用问你吗？"

军师又低着头想了想，问道："是白天，还是黑夜？"

将军说道："不要管是白天还是黑夜，你能够出来吗？"

军师慢悠悠地说："若不是黑夜，眼睛又不瞎，为什么会掉到里面？"

将军哑然，但他不死心又问道："听说你是个很有才能的人，没有事情不懂得。腊月二十那天，我家里有人被蛇咬了脚，你能医治吗？"

军师应声答道："用五月端午南墙下的雪涂上就好了。"

将军怒道："胡说，五月哪里能有雪？"

军师说：“五月既然没有雪，那么腊月哪里有蛇咬？”

将军愣了一下，忽然哈哈大笑起来，“世人说得不错，军帅确有大才，以前是我小看了军师，还望军师莫怪。”

从此，将军将军师奉为上宾，事事询问军师的意见，果然之后打了很多胜仗。

故事中的军师虽然一开始不受将军重视，甚至还遭到了将军的嫉妒和刁难，但他凭借着自己机敏的反应和幽默的语言，把他的才华展现得淋漓尽致，直至最后得到了将军的倚重，实现了自己的抱负。

云翔在一家 IT 公司工作，平时工作太忙，总是加班加点，没有时间去打理自己。这天正巧有点闲暇时间，他就抽空到楼下的理发店去理发。谁知不巧碰到了自己的顶头上司也来理发，云翔想躲，可上司就坐在他的邻座上，而且已经认出了他。

“好啊，云翔，你竟然在工作时间来理发，这是违反公司规定的。”

“是的，经理，我是在理发。”云翔镇定自若地承认，“可是你知道，我的头发是在工作时间长的呀。”

上司一听，勃然大怒：“难道你的头发都是在工作时间长的吗？”

“是的，经理，您说得完全正确。”云翔答道，“可我并没有把头发全部剃掉呀！我只是剪掉了工作时间长的那些。”

不论结局如何，单就这充满幽默力量的对答就体现出云翔的信心与机智。我们相信，在当时与上司开个玩笑是处理尴尬最好的方法。

幽默是展示自我魅力的极佳方式，只有具有幽默感的人才能在职场处处赢得他人的青睐和喜爱。幽默的力量是属于你自己的，是你和你在职场中要扮演的角色所拥有的，这种力量能使人摆脱尴尬、渡过危机、加速成功。当你在职场中运用幽默的力量去帮助别人使其更有成就时，你会发现不仅更容易将责任托付给他人，而且能更自由地去发展有创意的进取精神。幽默的力量能改善你的职场关系，使你的属下、同事、上司更加认同你，感谢你坦诚开放的态度，和你一起笑，对任何事情都持乐观态度，以轻松的心情面对职场压力，从而取得更大的成功。

幽默能有效地缓解尴尬

众所周知，生活中的尴尬局面是难以避免的，如果这时我们能利用一些幽默的语言，则能很快地调节气氛、摆脱窘境。适当的幽默能使激化的矛盾变得缓和，从而避免出现令人难堪的场面，化解双方的对立情绪，使问题更好地解决。事实告诉我们，幽默不仅会令人发笑，让人得到享受，而且还可以把我们从尴尬的气氛中解救出来。

有一位中国教授在美国某大学讲授中国文化课，对中国的悠久文化大加赞誉。一位美国女学生不服气地发问："教授，你是说什么东西都是你们中国的好，难道我们美国没有一样东西比得上中国的吗？"这是一个不好回答的问题，如果教授为了照顾听众的情绪而反过来赞扬美国，就不利于之后的主题；而如果他严肃地表示美国不如中国，则马上会引起在座美国学生的敌意。

中国教授只是轻松地回答："有的，你们美国的抽水马桶就比中国的好嘛。"

有时，我们在与人交谈时会遇到一些意外情况，比如对方提出反对的观点，更甚者是对方蓄意捣乱，影响你的发言。当我们遇到这种情况时，千万不能生气发怒或粗鲁还击，这会使我们的人际关系受到莫大的影响。口才高超的人，总是能以幽默的方式，沉着机智地应对各种发生的意外，并将自己从劣势中转换到有利的一方。

加拿大的一位外交官斯却特·朗宁，生于中国湖北的襄樊，是喝中国奶妈的乳汁长大的。他回国后，在 30 岁时竞选省议员，当时反对派多次诽谤、诋毁他说："你是喝中国人的奶长大的，你身上一定有中国人的血统。"

朗宁沉着地回击道："据权威人士透露，你们是喝牛奶长大的，你们身上一定有奶牛的血统。"

这真是绝妙的反击，同时又展示了朗宁的机智，最终他赢得了竞选。

人的幽默感是心智成熟、智能发达的标志，是建立在人对生活的公正、透彻的理解之上的。理解生活应当说是高层次的能力，在此基础上，才能发挥更好的口才。

有一位京剧丑角演员在后台休息时，一个很傲慢的富人走到他身边，讥讽地问道："丑角先生，观众对你非常欢迎吧？"

"还好。"

"要想在马戏班中受到欢迎，丑角是不是就必须具有一张看起来愚蠢而又丑陋的脸蛋呢？"

"确实如此，"丑角演员说，"如果我能有一张像先生您那样的脸蛋的话，我准能拿到双倍的薪水。"

傲慢的富人本想借此为难一下丑角演员，没想到却反受到他巧妙而机智的还击。

从某种意义上说，培养自己的幽默感，也就是培养自己的处世、生存和创造的能力。有较强口才能力的人，通常也是一个有影响力和感染力的人。一个人是否有影响力，在一定程度上取决于他是否具有幽默感，是否掌握了幽默口才的艺术。

幽默的语言能更好地表现自我

在当今社会中，人与人的交往强调以吸引力为基础，即使你再优秀、再能干，如果你不会"表现自我"也不太容易引起他人的注意。而幽默能带给你意

想不到的吸引力，在有限的时间和空间之内，哪怕是初次见面或一次晚餐上，幽默都能让你一展才华，从而给人留下深刻印象。

有一位丈夫正处在事业上升期，为了与客户打好交道，他几乎天天请客人到自己家吃晚饭，他的妻子每天都要准备饭菜，饭后还要陪客人说话，总是要聊到夜深人静才散场。时间一长，妻子有些吃不消了，尤其有了孩子以后，又要带孩子又要做饭，妻子累得苦不堪言。后来，她想出了一个好办法，她包下了附近一家饭店的雅间，丈夫再带客户回家时，她就与丈夫一同在雅间接待客人。入席坐定后，她还为每个客人夹菜，一边笑着说："希望筷子的双轨，能给各位铺出一条财路！"然后说明自己要回家照顾孩子，转身告退。

这位妻子美好得体的举止，不仅赢得了客人的赞赏，也让丈夫十分满意，因为她很好地表现了自己。

要想运用幽默手段表现自我，重要的是要懂得临场发挥，就像上文中的妻子一样，抓住每一个机会为自己所用。只要你有足够的机智和智慧，懂得如何随着情境的变化而进行幽默，那么，生活中的每一个瞬间都会是你表现自我的舞台。

在一次奥斯卡的颁奖礼上，一位刚刚获奖的女演员准备上台领奖，也许是因为太兴奋了，被自己的晚礼服长裙绊了脚，摔倒在舞台边上。当时全场静默，因为还从来没有人在这样全球直播的盛大晚会上跌倒过。

女演员迅速地起身，真挚而感慨地说："为了走到这个位置，实现我的梦想，我这一路走得艰辛、坎坷，付出了很多代价，包括有时跌跌撞撞。"——全场爆发出热烈的掌声。

我们相信这位女演员不但不会因这次跌倒而影响形象，反而还会因此而获得更多人的认可。这就是幽默感的威力，既化解了尴尬，又借机表现了自己对艺术的不懈追求，最后化危机为机遇。

幽默是一种天然的防卫武器。现实生活中，有很多事情令人手足无措、无所适从，有很多事情通过一般方法是难以解决的，这时，人们往往采用幽默的

方式，把自己的所有不满和不快全包含在一笑之中。同时将自己的光芒在睿智的幽默中展现，清晰的思路、敏捷的反应、惊人的言语，这些都是我们展示自我的利器，利用这些，我们更加从容地面对各种纷繁的场合，让我们的交际之路走得更加平顺。

别让随意的幽默之言引发误会

在与人交谈时，适时的幽默语言能帮助我们活跃气氛，使交谈的对象更加放松、自在，这也是具有幽默感的人更受人欢迎的原因。但幽默并不是适用于所有的场合的，有的幽默语言这个场合能用，却不一定适合另外一个场合。再加上谈话双方受习俗、年龄、审美及价值观差异的限制，对幽默的理解也会不同。倘若我们没有把握好幽默的尺度，那么不仅达不到好的效果，反而会引起不必要的误会，徒生尴尬。

在美国的一个小镇上，有一位卖肉的商人，他的摊位并不大，肉的价格也不是最便宜的，但每天他的摊位上都排着长长的队伍，很多人宁愿排队等很久，也要买他的肉，这是因为什么呢？

原来，这个卖肉的人说话非常幽默，一边做生意一边嘴上说个不停，每个顾客都喜欢跟他说几句话，似乎这样一天都会有好心情。

“你好啊，小伙子，今天准备吃点什么啊，不然来点猪里脊吧，又嫩又香，男人吃了这个会变得十分强壮的，你说呢？”被他称为“小伙子”的先生是一位 70 多岁的老人，被他这样称呼，那老人十分高兴，笑得满脸的皱纹都展开了。

我们可以想象，如果这个卖肉人到了中国，他就不会有这么好的生意了。当他称呼一位白发苍苍的中国老人为“小伙子”时，很可能招来一顿白眼，甚至有可能引起不必要的误会，毕竟中国是一个以“尊老”为传统的国家，这种

幽默是行不通的。

清明节，有一位美丽的女士站在坟前暗自垂泪，忽然有一位陌生男子走到她身边，那人说："你好，女士，对于您亲人的亡故，我深感痛惜，但我不得不告诉你，当我一见到你，我就深深地爱上了你。"

那美丽女士大喊："住嘴，流氓！你给我滚开，不然我要喊警察了。"

那陌生男人继续微笑地解释，"你千万别生气，女士，我知道这个时机不对，我也本不想在这个悲伤的时刻来打扰您，更不该在这个时刻向您表露我的心，但时机不再来，谁能在您的美丽面前情能自持呢？您一离开这里，也许永远难以见到您了，您令我一见倾心，我实在太爱您了……"

美丽女士听了有些动容，佯嗔道："现在是谈情说爱的时候吗？你该在我没哭的时候来找我呀！现在，你送我回家吧。"

我们要知道，不论你的话多么幽默， 如果使用的时间不对，不仅达不到预期的效果，而且还可能引起别人的不快。另外，有些场合也是不适宜幽默的，比如长辈、上级和你谈话时，对方遇到大灾难时，初次见面时都不宜幽默。

幽默不仅要注意场合，还要注意对象，一般与同事、朋友、亲人等与自己关系亲近的人是适宜幽默的，即使开些过火的玩笑也不伤大雅，但如果对方的年龄和辈分比你高，如上级、老师、长辈等，我们就要慎重些，不要让你的幽默言行变成不懂礼数的玩笑。

此外，我们在与人交谈时还要注意性别、性格的差异。和男性玩幽默空间大，尺寸也好掌握；而对女性，特别是妙龄女性，一定要特别注意，不要引起别人的反感或误会。对性格外向的人和性格内向的人，也要有所区分。

当我们在发挥自己的幽默口才时，一定要注意以上几点禁忌，毕竟，言谈间的幽默就如同优美的音乐，要在适宜的场所才能有最完美的享受，如果我们没有注意这些细节，找错了幽默的对象，说了不合体的话，那难免会造成谈话双方的难堪，这就不是我们所希望的了。

领导面前说话要细致有条理

现实工作中，越来越多的领导变得谨慎睿智，这表示着我们与领导的沟通也变得越来越难于把握了。通常谨慎的领导工作一丝不苟，对工作严格要求，比如，他们会自己记载详细的工作报告，或者对工作中的事情亲力亲为。而且，最为关键的是，谨慎类型的领导会将自己的这种“谨慎”作为对下属的要求，相比较工作马虎的下属，他更欣赏那些工作认真、踏实的下属。因此，下属在工作中就需要培养自己这样的工作风格，尽量将领导布置下来的工作做得越仔细越好。

部门的张经理是一位谨慎的领导者，在平日的工作中，他说话细致而有条理，做事认真而细致。对一件工作的执行，他会亲自督察每一个细节部分，包括视察、监工等，这样一些环节，他都会参与其中，不时提出一些建设性的想法。当然，他希望自己的下属工作也与自己一样，尤其是说话方式，他更欣赏那些说话细致而有条理的下属。

在部门里有个职员叫小王，他观察张经理很久了，在他看来，若想受到经理的赏识，那肯定要培养与之一样的说话方式，也就是细致而有条理的说话方式。小王暗暗训练了很久，终于等来了施展能力的机会。

这天张经理把小王叫来，吩咐道：“小王，你现在到集市上去看一下，看看今天早上有卖土豆的吗？”小王很快就从集市上回来了，他一口气向张经理汇报说：“今天集市上只有一个农民在卖土豆，一共 40 袋，价格是两毛五分钱一斤，我看了一下，这些土豆的质量不错，价格也便宜，于是随便带回来给您一个看看。”

小王边说边从提包里拿出土豆：“我想这么便宜的土豆一定可以赚钱，根据我们以往的销量，40 袋土豆在一个星期左右就可以全部卖掉。而且，咱们全部买下还可以再适当优惠。所以，我把那个农民也带来了，他现在正在外面

等您回话呢……”张经理听了，微笑着点点头，赞许地向小王伸出了大拇指。

在整个案例中，小王的叙述细致而有条理，虽然经理只吩咐了小王一件事情，但聪明的小王有条不紊地将经理所需要知道的情况全部调查清楚了，并在第一时间报告给经理。在最后，他不仅带来了土豆的样品，而且还带来了那位销售土豆的农民。如此谨慎的工作态度，以及细致而有条理的说话方式，也难怪张经理会赞许地点点头，并向小王伸出了大拇指。

除此之外，在与谨慎类型领导的沟通中，也需要注意说话的方式，说话不能大大咧咧，或是一团混乱、毫无逻辑，而是需要细致而又有条理。细致而有条理的说话方式才是谨慎类型领导所欣赏的、所认可的，这样的说话方式也恰好符合领导的心气。如果下属以这样的方式说话，那领导会由此判断你是一位工作认真、谨慎的员工，以他的性格，他定会对你产生好感的。

在工作中，谨慎类型的领导做事很严谨，不容得出半点错，即便是一个细节，也会有很严格的要求，如果下属因马虎大意而忽略了细节方面的问题，那肯定会换来领导的一顿训斥。既然对工作要求如此严格，那在与下属沟通中也会有一样的要求。谨慎类型的领导不欣赏说话毫无逻辑的下属，也不欣赏说话粗心的下属。在他们看来，说话与工作一样，都需要细致、严谨，否则就会觉得你这个人不靠谱。

实际上，谨慎类型领导的想法是正确的，一个人的说话方式往往会透露其工作的作风与习惯，一个说话粗枝大叶的人，他在工作中也会一样犯粗心的错误。相反，一个说话细致而谨慎的人，他在工作中会更细致、更谨慎。作为下属，可以有效与领导进行愉快沟通的方式只有一个，那就是努力培养可以迎合领导个性的特征，以此来获得领导的青睐。如果遇到的是一个谨慎的领导，那你就要培养细致而谨慎的说话方式，这样你才能受到领导的赏识与认可。

幽默能更好地获得他人理解

生活中，我们常常看到这样的场景：公交车上的乘务员报错了站，主持人站在台上忘记了台词，聚会上说错话等。这些都是人们的失误，也是他们在各自岗位上所出现的过失。人无完人，没有人能做到完美；人无完人，作为社交中的一分子，我们常常也会犯各种各样的错误。用幽默来化解自己的过失，不仅可以为自己挽回面子，而且可以得到大家的原谅和理解，营造良好的氛围。

何琳是我国国内著名女演员，2005 年她凭借的电视电影《为奴隶的母亲》一片一举夺得国际艾美奖影后桂冠，而林申也曾因为电视电影《冯齐的忏悔》获 2006 年国际艾美奖最佳男主角提名。碰巧的是，这对“国际艾美姐弟”在电视剧《麻辣婆媳 2》里饰演的也是一对姐弟。

剧中的两人由于人生观、价值观的不同，经常看不惯对方的处世方式，但这丝毫不影响两人私底下的感情。在片场，两人总喜欢互开对方玩笑，每次都把剧组工作人员逗得哈哈大笑。在《麻辣婆媳 2》剧组人员接受记者采访的时候，两个人经常会在采访中途说着说着就跑题了。林申看着何琳，并“质问”她怎么老把自己带跑题，何琳则不以为然：“那你为什么跟着我跑啊？”林申说：“因为你漂亮啊！”

一句话让何琳哭笑不得，拿这个带着一抹坏笑可是嘴巴很甜的“弟弟”无可奈何。两个人用幽默来化解了“跑题”的失误，使气氛更加轻松、惬意了。

其实，在日常的社交生活中，我们每个人都是制造幽默的主角，我们会不自觉地因为他人的幽默而开怀大笑，我们也会不经心地说出一句让众人会心一笑的话，人们都是崇尚快乐的，幽默便有这种力量，它能使人忘记烦恼，用快乐的态度看待生活、看待各种事。

因此，我们在人际交往中出现过失的时候，也可以幽默一番，那么，对方也会原谅我们，一切看来都云淡风轻了。但是沉重的氛围会使人久久不能忘记

你的过失，并且将这次过失作为一次教训深刻地记在心中，不能抹去。所以出现过失不要急于忏悔，更不要自暴自弃，用上一些恰如其分的幽默，不仅能在轻松的氛围中给出问题恰当的解释，而且扫去了人们以及自己心中的阴霾，这样的解释要比长篇大论的郑重道歉强上百倍。

所以学会用幽默解释自己的过失，意义十分重大，不容忽视。然而，我们还必须看到一点的是，除了用幽默法获得他人的理解，还需要我们做到有勇气正视自己的失误。

2010年温哥华冬奥会在落下帷幕的时候，国际奥委会主席罗格用“卓越和友善”高度评价了那届冬奥会，并把奥林匹克五环旗交给下届冬奥会举办地俄罗斯索契的市长纳姆索夫手中，然后闭幕式就开始了。

在开幕式上有一个小花絮，就是一根因为工作人员的某些失误没有竖起来的欢迎柱。闭幕式的大幕拉开时，火炬台以开幕式时“残缺”的状态搭建着，开幕式上的失误，就这样被组委会自己再度摆在了世界观众的面前。一个装扮成电工的小丑蹦跳着来到会场，来到没有竖起的那根欢迎柱的大坑前，他装作在检查的样子，最终终于找到故障原因。他如释重负般将电源插好，拍拍手，开始试着将那根硕大的柱子从地下拉起来。在小丑卖力的拉动之下，那根欢迎柱缓缓竖起来了，并且缓缓地和其他几根欢迎柱搭建在一起。

随后冬奥会开幕式主火炬手勒梅·多恩被小丑请进场，他随即点燃了奥运火炬，奥运圣火熊熊燃烧。

开幕式上的错误，就这样以一种幽默和伟大的方式解决。而有两次点火的奥运会，恐怕也是史无前例的。全场观众，都沸腾了。为组委会这样勇敢地直面错误，并以幽默的方式来化解欢呼。

当然，幽默是智者的游戏，如果你没有敏锐的反应能力和组织语言的能力，那么，制造幽默以获得他人理解是很难做到的。

在一次婚礼上，经过了“一拜天地”“二拜高堂”的程序后，婚礼主持人刚喊完“夫妻对拜”，还没等说祝词，两个人便相互鞠躬，于是婚礼主持人马

上插了一句“等等，等等，着什么急呀？”宾客们闻听此言全笑了。接着主持人又加上一句“叫新郎，叫新娘，不要慌，不要忙。一切行动听指挥，是不是着急入洞房？”宾客们更是开怀大笑。

新人没有听主持人口令指挥的失误让主持人用四句顺口溜一笔带过，而且说新郎新娘“着急入洞房”不但无损于他们的形象，而且烘托了婚礼的气氛。可见，社交生活中，如果你一不小心出现语言或行动上的过失，你大可不必自责或者懊恼，因为幽默能帮助你轻松化解，获得他人的原谅！

第 11 章
批评妙语，表达不满也要含蓄幽默

我们经常在他人犯了错误或者自己产生了不满情绪的时候，沉默以对，默默忍受，既怕伤了对方的心又怕伤了和气。其实，“人非圣贤，孰能无过”？如果他人有了过错，而不加以批评，他就只能在错误的道路上越走越远。因此，批评并指出他人的错误，也是对他的一种帮助。但是好的批评方式确实是讲究技巧性的，不仅仅是纠正错误，而且更要使交谈双方都感到舒服。

言曲意明，委婉地指出他人的错误

批评往往具有否定性，极易造成对方心理上的排斥，激发对方的逆反心理，从而影响批评的效果。我们可以试着用委婉的方式批评他人，虽然不能完全抵消这种心理上的抵触，却因为给对方留了面子，而更容易使被批评者认可和接受。

莱曼·阿伯特曾为美国最富口才的牧师亨利·华德·比切尔做葬礼演讲。在前一天，他曾把演讲稿改了又改，细心润饰，并读给自己的妻子听，以征求她的意见。那篇演讲稿真的糟透了，他的妻子却只是不动声色地说："亲爱的，如果这篇演讲词寄给《北美评论》，一定是一篇极好的文章。"丈夫一听立刻明白自己的演讲不够自然真挚，就马上改正并取得了很好的效果。

女人懂得了委婉批评的艺术，会显得更加温厚大度，不仅让被批评的人感到容易接受，还能提升个人魅力，是必学的语言艺术之一。怎样措辞才能言曲而意明，委婉而更容易被人接受呢?

1. 暗示有道

暗示即不直接指出对方的错误，但用委婉的语言让对方明白自己的荒谬之处。

2. 旁敲侧击

不要急于说出自己的目的，而用旁敲侧击的方式，告诉对方其实是他自己的做法出了问题，在哪方面没有考虑周到，对方一旦惊醒过来，就很容易接受这种委婉的批评。比如，在《晏子谏杀烛邹》中的故事中，烛邹养鸟不小心放

走了，齐景公大怒下想杀掉他，晏子却说烛邹有三大罪状：弄丢鸟；让国君因鸟杀人；致使诸侯才士误会国君重鸟轻人。委婉提醒并批评景公杀烛邹会影响自己的声誉，既避过了国君的盛怒，又达到了让君主明辨事实的目的。

3. 用反问代替肯定的斥责

如果常常用肯定的语气斥责他人，诸如“你不应该这样做”“你不要做这件事”“这样做真是一团混乱”极可能使对方恼羞成怒并将错就错。如果能用委婉一些的方式，比如“你是否可以考虑这样做？”或“你认为这样做可以吗？”“你认为这样怎么样？”“也许我们这样做，会比较好一点？”“我听某某说，你觉得这样做很好，我也觉得很高明”并把“这样”修改成自己的建议。让对方觉得这个高明的方法出自他自己的意愿，当然更容易接受。这样委婉含蓄的批评、建议方式维护了他人的自尊，自然更容易被接受。

4. 可先用赞美暖身

在批评别人之前，不妨先说一些赞美的话给对方暖暖身，比如“我很欣赏你这次的工作表现，尤其是这次特别的促销方式，是一大亮点”。然后再进行建议改正“如果能稍微控制一下局面，货物摆放有条理一些，效果会更好一点”。用赞美欣赏暖身的禁忌是“但是”一词，不要用“但是”，否则会让对方的激情一下冷下来，泼冷水是最忌讳的批评之策，分享你的欣赏之后，给对方吸收的时间，再用建议的方式提出批评，会好很多。

5. 用影射的方式批评

某些具有批评意义的寓言、小故事，都能够委婉地批评、劝谏他人，而不引起对方的反感。当然也可以现编一些类似的小故事或其他人的事来委婉告诫对方他的荒谬之处，也能给对方留点面子。

良药未必苦口，忠言也不一定要“逆耳”，只有方式得当，听意见的人才容易接受，还可以避免不必要的冲突，使人际关系更加融洽。

幽默含蓄，批评也要给他人留面子

幽默有着独特的魅力，作为一种语言艺术，运用在日常的批评当中，常常会显得委婉含蓄，给被批评者留有余地，使旁听者也能心领神会、回味无穷。幽默的批评当然不应该成为尖刻的讽刺，因此运用时还需注意分寸，不要让幽默批评变成了取笑、讽刺、嘲笑，否则即可能起到相反的效果。

实战案例：课堂上的幽默

有位教师，在课堂上突然停止了讲课；面对一片混乱的课堂，缓缓地对大家说："如果坐在中间谈天的同学，能够像坐在后排玩牌的同学那样安静的话，那么就不会干扰坐在前排的同学睡觉了！"教师的这一幽默批评让同学们在一阵轻松而愧疚的笑声中恢复了正常的课堂秩序。

怎样掌握其中的尺度，怎样用好幽默这把利剑，又不至于伤人伤己呢?

1. 点到为止，耐人寻味

对于自尊心强烈的人，最好不要直截了当地批评，即使对方是你的下属。伤害对方的自尊，往往引起强烈的反驳或者找一些理由为自己辩护，或者以沉默对抗，口服心不服，产生积怨。如果能够点到为止幽默风趣地调侃对方两句，让对方羞愧，反而更能引起对方的重视。周总理曾到西双版纳视察，看到路况失修，想要点醒当地领导，却没有疾言厉色，只是轻描淡写地玩笑道"这条路下雨天是'水泥路'，晴天是'扬灰路'"，没有使下级领导感到丝毫难堪地提出了批评，更使对方折服。

2. 以褒代贬，反话正说

人人都希望得到他人的肯定与认同，即使出现错误，也希望得到人们的同情和理解，因此所有人犯错之后，几乎第一反应都是狡辩和解释，很少有人自觉、及时地进行自我批评和反省。尤其来自女人的批评，更让人难堪，适应这种心理特征，女人批评他人时不妨换一种方式，以褒代贬、反话正说，通过表

面幽默风趣的肯定，以达到实质上的否定，往往更乐于被人接受，能收到比训斥更好的效果。

3. 绵里藏针，柔中寓刚

用绵里藏针的幽默让被批评者在轻松愉悦的笑声中接受教育，意识到自己的缺点和错误，也是巧妙批评的有效方法。可以用双关、比喻等缓解批评时的紧张情绪，还能增进相互间的情感交流，制造愉悦的气氛。

对于一些善意的提醒，用句玩笑话讲出来，才不会让听者感觉生硬。他们不但会欣然接受你的提醒，还会增强彼此的亲密感。

批评时，给别人留一份面子，就让对方对你多一份好感，多一份接受批评，改正错误的可能，也给自己制造一个朋友，而幽默风趣的言谈更会增加你的魅力，使不善言辞的你不过于刻薄。

委婉表达，婉转指出领导的过错

不管上司的职位高低，不管他声称自己如何“闻过则喜”，如果你的批评太过于直接或尖刻就算是真正的金玉良言，能暂时帮对方，也会引起上司的恼怒。如果你有一些话如鲠在喉不吐不快；如果你想自己的工作变得更顺畅一点，更符合自己的心意；如果你希望上司接受来自你的“建议”，而不会伤害到你们之间的感情，就要让自己的表述更有技巧一点。

刘军平时工作十分努力并且非常严谨，他的细心勤奋在单位中是出名的，大家都纷纷向他请教秘诀，但是他从不因此骄傲自满，而是很谦虚，非常有风度。一次，领导突然走过来将手上拿着的表格交给刘军看，并对他说：“小刘，这个填错了，给人家造成了很大的麻烦，你这样工作怎么能行？”面对领导的质问，刘军一时有些紧张，办公室里的其他同事也都为刘军捏着一把汗。但是

刘军看了之后发现领导拿错表格了，这张表上的填法并无错误，于是他平静地告诉了领导，领导看后发现的确是自己出了错误，这时办公室里充满了奇异的氛围。大家都看着领导，领导一时有些下不来台，这时刘军说："领导，我听说您最近为单位的事日夜操劳，您要注意身体啊，这张表做得太差了，我都看不清，更别说您了。"这时领导脸上露出了喜色，事情就这样轻松地化解了。

俗话说"得饶人处且饶人"，谁都不想被逼得太紧，所以我们要懂得站在他人的角度考虑问题，体现自己知性的一面。在与同事、上司的相处过程中，要知道什么是应该去争取的，也应该知道什么是一定不要去做的。尤其是与上司的相处过程中，一些交流上的问题是一定要引起注意的，因为这是给自己铺设前途的重要途径，这样的问题体现在很多方面，例如在上司下不来台时，一定不能继续将军，要给上司台阶下。

讲究批评的技巧，把握批评的时间、地点和方式，将会使你的"劝谏"之路更顺畅一点。

1. 私下批评

背地里不要和其他人议论批评上司的过失，否则一定有一天这话会传到对方耳朵里。批评一定要面对对方，而且最好在只有两个人的场合下说，可以照顾到对方的面子，私下当面和上司讨论他的不足之处，即使对方不忿，也很少可能给你难堪。

2. 以关心代替批评

在某些事上，比如迟到、明知道错误的决定还要执行等，极可能因为上司有不可对人言的苦衷。无论是上司还是公司的最高领导，都不可能真正按照自己的意愿行事。在批评上司之前，不妨先从对方的角度想想，为什么他要那样做，有没有什么难言的苦衷或者不能向大家透露的隐情。在此种情况下，即使领导明知道某行为是错的，其后果如何还要犯，就没有必要批评他，关心反而更容易被对方接受。

3. 旁敲侧击

把批评变成一种提醒或建议，更容易被上司接纳。“提醒”或“建议”的方式，因为从上司的角度出发并且方式比较温和，更能照顾对方的自尊，往往容易被上位者接受。

李女士是经理助理，她的上司王总是搞技术出身，对管理却一知半解，他总喜欢直接插手技术部门的事，却对其他问题视而不见，搞得公司员工怨声载道。

李女士决定向王总提一些建议，于是她侧面提醒道：“领导权威包含着技术权威和管理权威两个层面，王总的技术权威牢固树立，而管理权威则有些薄弱，有待加强。”王总听后，果然把更多精力用在管理上，公司氛围也协调了起来。

这种不直接批评其把公司管理搞得混乱，而是侧面提醒对方，往往因其温和而引人思考更能引起对方的重视。

4. 维护上司的自尊和利益

批评最终一定要为了对方好，对方才更乐意接受，从对方的角度出发提出批评，维护上司的权威和利益，上司才更容易接受。但批评语中最好不要出现“我是为了你好”之类，而是暗示对方“这样更能节省时间”“更明智的做法是”“这样大家都会更佩服您的”，然后征求上司的看法“您看呢？”让上司决定是否接受批评或建议，把决定权放在他手中，更容易被接纳。

批评上司，不仅仅需要勇气，更需要技巧，尤其来自女性的批评，更不容易被接纳，只有在融洽友好的氛围中，从真诚帮助和支持领导的角度出发，才更容易保持感情融洽的沟通。

因人而异，批评方式不可一概而论

不同人因为生活经历、文化程度、性格特征、年龄性别的差别等，对于批评的承受力和接受的方式有很大的不同。对于同样的批评，不同人有不同的心理和行为反应方式，比如，有些人可能会对直白批评难以接受，有些人则怨恨，更有甚者产生逆反心理，反而一定要逆着做事，针对不同的批评对象，不同人的性格及修养，应采用不同的批评方式。

上司李虹在新员工小楠怒气冲冲、咄咄逼人的追问、吵闹之下，泰然自若地听完对方的话，没有急于反驳她，只是沉默不语地注视了她一段时间，等她自己平静下来，意识到自己的无理取闹。然后再开口："吵闹不能解决问题，你回去想想自己想要什么样的结果，有哪些好点的方法。你年轻气盛，我不跟你计较，可你周围都是气盛的同事，回去好好想吧。"

适当的沉默与心平气和的几句话就不动声色地把所有的下属都敲打了一遍，更表现了自己的大度宽容，和不屑于和新职员计较的风度，让人在敬畏下不敢轻视，也更尊重她。

根据对批评的不同反应，可以分为：迟钝型反应者、理智型反应者、敏感型反应者和强个性反应者。应对不同的类型，应有区别采用不同的方式，或直接严厉，或委婉含蓄，或模糊带过，不一而足，才能被人接纳，有助于其成长。

1. 迟钝型反应者

这种人思想比较麻痹，即使受到批评了也满不在乎。可采取警示批评法，即警告对方可能出现的后果和因此而受到的惩罚。对错误的严重性认识越明确，越能触动到对方在乎的东西如自己的面子、利益等，对方越容易接受和改正错误，找准对方的触动点是关键。

2. 理智型反应者

其受到批评时会感到有很大的震动，能坦率认错，从中吸取教训，属于"闻

过则喜”型。对于这种人可以采取直接批评法，开门见山，一针见血地指出对方的缺点错误，他往往不会感受到言辞激烈或者过于难堪突然，只会认为上司直率有诚意，反而愿意为之效劳。委婉一点效果也好，过于隐晦或含沙射影往往被对方反感。

3. 敏感型反应者

这种人感情脆弱、脸皮薄、爱面子，难以承受批评斥责，批评会让他们神志恍惚，甚至意志消沉、一蹶不振。对于这种下属，可以采用委婉、暗示或鼓励的方式，考虑到对方的承受能力，可采取渐进式批评即分几次一步一步指出被批评者的缺点和错误，让其由浅入深地提高认识，才能避免对方陷入消沉。

4. 强个性反应者

其自尊心强，个性突出，“老虎屁股摸不得”，好冲动，心胸狭窄，自我保护意识强，明知有错，也死要面子；受不了当面批评，不会轻易改正其缺点；逆反心强，受到批评会反其道而行。

对于这类下属最好采用模糊警告的方式点出问题，比如在会上“点事不点名”地进行批评，如“最近一段时间，我们单位的纪律总体是好的，但也有个别同志表现较差。有的迟到早退，也有的上班的时间玩游戏……”用“有些人”“个别人”“有的”既能指出问题，又维护了对方的面子，可以使对方受到震动，更有利于其改正。或者用商讨的方式让其自己认识到错误，即用商量、讨论的方式平心静气地将正确信息传递给被批评者，让其认识自己的错误，使其感受到平等、商讨的气氛，更能满足对方的“自尊心”，消除抵触情绪，有利于虚心接受意见。

对于因经历浅薄，自我意识较差的刚入职者宜采用参照式批评，借助别人的经验，婉转指出对方的缺点错误，更有利于提高；对于性格内向，善于思考，较成熟的下属，可以通过提问的方式将批评的内容传递给对方，让他通过自己的思考，进一步认识到错误，自觉更正。

除此以外，面对较强势或自尊心强的下属，对方的自尊要首先顾虑到，采

用沉默式批评，或委婉地旁敲侧击会有更好的效果。

批评别人也要言谈举止文明礼貌

在批评他人的同时，还要明白，对方是和你一样的平等独立个体，有着和你同等的受尊重的权利。因此，批评是必要的，但必须要以对他人的尊重为前提。否则你的批评只会成为破坏你人际关系的锐器。

小江早上到公司签到时，把名字签错了地方。负责签到的秘书小朱并没有立马指出他的错误。第二天早上，小江按惯例要签到。小朱不动声色地问小江："你的眼镜多少度？"

小江不假思索地说："800度。"

小朱微微地冲小江一笑，没说什么。

小江见状，连忙改口道："骗你的，才500度。"

小朱又一笑，说："那请你签上大名吧！"

小江迫不及待地抓起笔，可是马上又犯愁了，原来自己将名签错了位置：将头一天的签名签到今天签名的地方。小江这时才明白了小朱的用意，并对她给予以善意的微笑。

秘书小朱虽然看到了小江的错误所在，但她并没有直言不讳地指出来，而是通过拐弯抹角的谈话，让小江自己发现了错误。进而不但起到了"批评"的作用，而且给小江留足了"面子"。让对方在感激之中改正了错误。因此，想让你的批评既有效，又不伤及他人尊严，就要注意以下几点。

第一，"好面子"也是人的天性，因此，批评时为了不伤及他人的面子，可以先创设一种双方都能接受的氛围，如可以先对其进行表扬，等彼此距离拉近后，再进行适当的批评。

第二，批评他人时，要把严格的态度和尊重对方的人格联系起来，如可以选择一些避人耳目的场合，毕竟谁都不愿意在公众场合被他人当面批评。

第三，多用一些“拐弯抹角”“旁敲侧击”的语言对他人进行暗示批评，这样，既不会伤及他人尊严，又会让对方自己明白错在哪里。

心理学认为，良好的心理情绪对工作、生活起到积极的推动作用。不良的心理情绪则对工作、生活起着消极的阻碍作用。批评者的思想情绪、被批评者的心理素质，以及批评时所处的客观环境等，都能直接影响批评的实施。因此，评判他人也要选好时间，切不可不分时间、不分场合地盲目进行。

批评孩子也要讲究方式

当孩子犯错误时，适当对其加以批评教育，目的是让他认识到自己的错误所在，从而促使其从错误中吸取教训，不再重犯。但并不是所有的批评都是有效的，批评不当不仅不能让孩子认识到错误，反而会引起孩子的抵触与反感，更有甚者会对孩子的健康成长产生极坏的影响。

刘磊从小学到初中，都是出了名的刺头。老师每次把电话打到家里，父亲就要给刘磊一顿严厉的训斥，甚至是暴打。但父亲一次次的批评不但没有让刘磊改正坏习惯，反而他对父亲渐渐产生了敌意。初中毕业上高中开学那天，父亲用从未有过的态度，语重心长、轻声细语地对他说：“你已经长大了，以后爸爸也不好再管教你了，凡事自己要三思而后行，学习也该抓紧了，这个关系到你的未来。”没想到，就这么几句很平和的话语，刘磊听了居然流泪了，并很诚恳地说：“爸爸，过去我错了，以后你放心吧……”

老师、家长对孩子训斥式的教育，更多展示的是一种长辈的威严，但却没有顾及孩子的自尊心，更没有和孩子处于平等的地位，进行一种心的交流。自然，

这样的批评是很难让孩子接受的。那么，如何才能使批评收到更好的效果呢？

第一，孩子不是罪犯，自然也就很难接受那种训斥、恐吓式的批评。对孩子进行批评要实事求是，允许孩子对自己的辩白，要给孩子讲清楚道理，让他明白为什么会被批评。

第二，孩子也是人，同样需要尊重，如果当着众人的面大声训斥，其结果一定是适得其反。和声细语的批评更容易让孩子接受。

第三，对孩子批评要对事不对人，批评的是孩子的不良行为，所以最好不要说“你真笨”“你长大后……”等有伤孩子自尊、打击孩子自信心的话。

心情不好时批评孩子，很容易让批评带上主观情绪色彩，这样很可能就会把孩子当成了自己泄愤的对象。以暴制暴只能让孩子变得更加叛逆。孩子情绪不好时也不宜对其进行批评，否则也会招致孩子对你的不满。

别让批评超出对方的承受力

不同的人在心理上有差异，心理承受能力也不一样，因此，批评他人时，一定要先考虑对方的心理承受能力，尽可能选择和创造一个良好的心理氛围，晓之以理、动之以情，因材施教、区别对待。只有这样，才会让你的批评更有效，才不会因批评不当而造成一些不可弥补的错误。

小玉是个性格很内向的女孩，一般不会犯什么错误，一天早上，由于母亲叫她起床晚了，所以迟到了，但班主任却不问任何原因，就让她站在教室门外，等下课了再进来。站在门外的小玉委屈地哭了……放学回家以后，小玉一进门就钻进自己的房间，母亲怎么叫也不搭理。这下可把小玉的父母急坏了，给小玉的班主任打电话才知道是被老师罚站了。

老师教育学生，批评是必不可少的，但批评学生必须要因人而异，因为不

同性格、年龄、性别的人，心理承受能力都是有差别的。所以不在乎对方心理承受能力的批评只能适得其反，起不到良好的教育效果。那么，批评时如何区别对待呢?

第一，性格外向的人，对批评的承受能力相对比较强。但这种人对自己的尊严一般看得很重，所以批评这种人也不能如同审犯人一样训斥，但比性格内向的人要相对严厉一点。

第二，女性的心理承受能力一般比男性的差，所以，对女性的批评一般要心平气和，实事求是，最好是私下里单独批评。

第三，处处都要强的人，其心理承受能力其实大多都很弱，这种人一般很难接受他人满口训斥、指责式的批评。

中国人都爱面子，你如果在公众场合对某个人劈头盖脸一顿狠批，那会被其认为是伤害了他的尊严，其后果可想而知。所以无论何种形式的批评，都最好不要在会议场合对其进行。

第 12 章
巧妙拒绝，即便拒绝也不让对方难堪

在日常生活中，面对他人提出的不合理、不合适的要求或者自己不愿意去做的事情，有的人因为不想使对方产生不快的情绪而选择委屈自己地接受，有的人却能够毫不犹豫地巧妙拒绝。事实上，巧妙拒绝是一门语言的艺术，更直接体现出一个人的智慧。学会拒绝是一种自我保护，在日常交际的过程中，面对不同的问题，拒绝的方式也会不一样；面对不同的人，拒绝的态度也不一样，这其中的语言技巧与艺术，需要认真地学习，并加以掌握。

职场中拒绝他人的技巧

著名导演王家卫的电影里有一句经典台词："要想不被别人拒绝，你最好先拒绝别人。"同样的，身处职场的我们也要有拒绝别人的意识和勇气，要知道，一味地妥协和接受并不能为你收获尊重，却会让你成为别人的垫脚石。如果我们能够适当、合理地拒绝职场中的不合理要求，那么我们的工作、生活将会变得更加精彩。

赵婷是一家公司的技术部门主管，这天她正要赶着去参加一个技术部门研讨会，一个下属抱着厚厚的文件来找她。"赵主管，有一个问题，我一直想向你请示一下该怎么办。"接下来，那个下属将他的问题详细地汇报给赵婷，尽管有事在身，但赵婷不忍心让这个下属失望，几分钟后，赵婷看了看手表："噢，不好意思，我现在正有急事处理。这个问题，看来我一时半会儿答复不了你。这样吧！让我考虑一下，过两天再给你回复好不好？"她赶忙离开，不知不觉中也背上了一个重重的心理包袱。

两天后，下属如约打来电话："赵主管，前两天向你请示的问题，你看我该怎么办？"忙乱中，赵婷想了一下才记起他讲的是哪一件事。"哦，实在不好意思。这两天我特别忙，还没有顾得上考虑这个问题，你再过几天来看看，好吗？""没有问题，没有问题。"

一周之后，赵婷又接到下属的电话。不等他开口，赵婷已经感到十分歉意，并再一次请求下属"宽限"几日……此刻，她似乎有些焦头烂额，因为现在她的内心已满是内疚，她不知不觉已成为问题的真正中心……

由于赵婷是公司的中层管理者，她理所应当地认为拒绝下属的请求是一种无能的表现。其实，这她只是为了维护自己的尊严和在下属心中的地位，似乎只有这样，才能彰显她作为部门主管的业务实力。多数时候，很多人只看到了职场表面的风光，却完全忽视了背后我们所需付出的代价。对于赵婷来说，如果她有精力帮助下属完成请求固然好，若她不能办到，这件事反而会给自己带来麻烦，那么她就应该合情合理地拒绝掉。

白志文现在苦不堪言，由于新上任的经理对部门各个员工还不熟悉，总是看到谁就把手头的工作交给谁做，完全不顾企业管理的基本原则——把正确的人放在正确的位置上。刚刚他在走廊碰到经理，经理就把手头的一份策划案交给他做，但他对策划之类的工作从没有接触过。

白志文的本职是后勤，对前期策划工作一窍不通，被交代的任务很可能会无法完成，这时他该怎么做呢?

“感谢经理给我这次锻炼的机会，不过我的职位是后勤管理和物流调控，如果您让我做前期调查策划工作，我当然十分愿意去学习，只是这样恐怕会占用一定的时间，影响项目的整体运作效率。据我所知，企划部的雯雯在前期策划方面有很强的能力，所以我建议您可以让她去做这份项目，而我会在自己擅长的领域全力配合您。”

“不”是一个很简单的字，然而把它说出口却是难上加难，因为当我们说“不”的时候，也就意味着拒绝——拒绝上司的指令、拒绝同事的请求、拒绝客户的要求……这对职场人来说，绝对是十分头痛的。不过，如果你能这样说，那场面就会变得简单些，事情也就不那么难以解决了，我们可以采用下面几种方法：

1. 刻意拖延

当同事有很着急的事来请求你帮助，而你确实没有能力帮他解决时，你可以这样说：“这件事很简单，不过我明天马上就要去外地出差，等我一周后回来就帮你处理。”如果对方真的很着急，经你这样一拖延，他就会放弃你而转

寻他人的帮助了。

2. 假意应承

当关系很好的同事总是拜托你去做某事，而影响你自己的工作进度时，你可以这样说："这份报告如果让我写也没什么，只是我个人认为，这个项目我没有参与过，很多细节并不了解，如果让我写的话，估计最后会出很多纰漏，事情反而会变得更加复杂，所以最好还是你亲自写吧。"当我们不好以强硬的态度拒绝他人的请求时，假意应承，再进一步否决是一个很好的方法，既告诉对方"我十分乐意帮助你"，又让对方看到事情处理不好的严重后果，对方自然就会打消请你帮助的心思了。

3. 提出要求

作为管理者，可以利用这个方法来要求下属，对他的请求附加一定条件，而这个条件又不是很容易达成的，以此让对方知难而退。"想要加薪，当然没问题，不过你必须把下半年的业务任务在 2 个月内完成。"当我们运用这个方法时，你需要注意，如果下属真的完成了你提出的条件，那么作为管理者，你也要兑现你的承诺，如果你真的不愿意答应对方的要求，不妨把你的要求定得苛刻些，以免搬起石头砸自己的脚。

在职场中，很多事并不只有一种解决方法，有些工作也并不是非你不可，当你无法完成上司指派给你的某项工作时，不妨向他们提供另外一种自己可以帮得上忙的建议。例如，"这个项目有些难度，我恐怕无能为力，不过销售部门的小王善于处理这个问题，你可以让他来做，我可以配合他完成这个项目。"

拒绝也要讲求方式

拒绝是一种艺术，当别人对你有所要求而你办不到时，你会因为不好意思

拒绝而轻易承诺对方，带给自己巨大的麻烦；还是一时狠心拒绝，让对方失望离开，在我们自己的人际关系上留下一点裂痕呢？最好的解决方式是两者都不要，当我们不得已要拒绝的时候，可以把话说得艺术些，这样对我们双方都有好处。

启功先生是我国著名的书法家，在 20 世纪 70 年代末向他求学、求教的人就已经很多了，以致先生住的小巷终日不断脚步声和敲门声，惹得先生自嘲曰："我真成了动物园里供人参观的大熊猫了！"有一次先生患了重感冒起不了床，又怕有人敲门，就在一张白纸上写了四句："熊猫病了，谢绝参观；如敲门窗，罚款一元。"先生虽然病了，但仍不失幽默。此事被著名漫画家华君武先生知道后，华老专门画了一幅漫画，并题云：启功先生，书法大家。人称国宝，都来找他。请出索画，累得躺下。大门外面，免战高挂。上写四字，熊猫病了。

诚然，作为启功先生是不得已而为之，因为他的身体实在支撑不起。那么，直截了当地拒绝人们的所求又不符合先生做人处世的原则，所以最后才采用了幽默式的拒绝，亦可以称之为无奈地拒绝。

镇明对刚来公司不久的新员工娜娜颇有好感，想方设法献殷勤。一次，他趁办公室没人，把一套高档彩棉内衣放到了娜娜桌子上，希望能够与她进一步发展。

娜娜已经有男友了，就不会接受镇明的示爱，但她又怕太过直白的拒绝会让镇明难堪，此时她该怎么做呢？

娜娜略作深思便微笑着说："这套内衣真漂亮。只不过这种样式的我男朋友给我买过好几件了，你还是留着送你女朋友吧。"

娜娜这样一说，既暗示了自己已经"名花有主"，又提醒对方注意分寸。镇明听了，只得打消追求娜娜的心思。

有些人在拒绝别人时，很容易产生心理障碍，不敢也不善于去拒绝，而勉强答应别人的后果就是自己后悔不已，实际上，如果你能注意以下几点，那么你的拒绝就会变得艺术得多。

第一，不要在对方表达来意后，立刻拒绝，这会让人觉得你是个冷漠无情的人，无形中会失去很多获得友谊的机会。

第二，不要在有情绪时拒绝他人，这时候的人会受情绪影响，或消沉或愤怒，容易在语言和态度上伤害别人，让人认为你一点都不真诚。

第三，婉转地拒绝，会让别人感动于你的诚恳，若你能面带微笑、神情庄重，那么对方会感受到你的礼貌和尊重，对你的拒绝也就不再那么反感。

第四，拒绝的同时，你最好帮他人想一条出路，也就是说，你虽然拒绝了，但却在其他方面给他一些帮助，这是一种慈悲而又智慧的拒绝。

同是拒绝求人者，不同的拒绝方式给人的感受是不同的，有的拒绝能让人接受和理解，而有的拒绝则使人仇视和反感。可见，同是拒绝，我们也应该多注意些方式，多讲究些艺术。

用幽默的方式拒绝

一直以来，“拒绝”都是一件容易得罪人的事，我们可以想象，当对方满怀期待地请求你的帮助，却被一个冰冷的“不”字硬生生地挡了回来，这是多么令人沮丧和受伤的事啊。不过，如果我们能讲究策略，巧妙地利用幽默的口才，能让对方在欢笑中接受你的拒绝，那么这也是一个不错的收场。

有一天，小新在办公室里不小心打翻了果汁，为了避免引来蟑螂，她赶忙开始清理。不过清理地毯是一件十分麻烦的事，小新一人做得有些吃力。当时同事文雨正好经过，小新希望文雨能帮她一起打扫，文雨有些为难，面对小新的请求他不忍拒绝，但自己确实有事在身，不好耽误。文雨灵机一动，对小新说：“你放心吧，蟑螂不喝鲜榨果汁，你先大致清理一下，我把手头这点急事做完，马上就来帮你。”

一句“蟑螂不喝鲜榨果汁”逗得小新忍俊不禁，也丝毫不介意文雨对自己的拒绝，反而对他有了些好感。如果当时文雨说：“不好意思，我正在忙，没时间帮你。”小新可能会觉得十分不舒服，认为他连这点小事都不肯帮忙，实在有失风度。

幽默是智慧的象征，它能让人感到快乐，而快乐的气氛是超强的润滑剂，对沟通来说至关重要。因此如果我们能够充分发挥幽默感，在谈笑之间对别人说“不”，不仅能使气氛轻松，也能顺利达到拒绝的目的，这对双方来说，也都是最好的结果。

丽丽是一个十分漂亮的姑娘，无论她出现在哪里都会收获别人赞赏的目光。一天，她正在一个优雅、浪漫的餐厅用餐，一位帅哥走上前来，礼貌地问道：“你好小姐，这个位子有人吗？”“抱歉，我想一个人用餐。”丽丽礼貌地拒绝了，对方没想到她会拒绝，一时间愣在当场，双方都感到十分尴尬。

在这种情况下，丽丽完全可以换一种说法，既拒绝了对方，又不使双方这么尴尬。

丽丽看向那个帅哥，微笑着说道，“这个位子没有人，不仅如此，当你坐下来时，我这个位子也将会变成空的了。”

对于人们来说，“拒绝”是一门高深的学问，它能体现出一个人的品德和修养。用幽默来拒绝，可以使对方感受到你的善意和真诚，也能愉快地接受你的拒绝。希望每一个人都能够学会幽默、运用幽默，那么我们的生活将会少一些被拒绝的尴尬，而多一些欢乐。

别因拒绝而破坏了关系

如果你由于某些原因不得不拒绝对方，那对方下次还会寻求你的帮助吗？

答案肯定是否定的，因为他们已经在心里形成了你不愿意接受他们请求的印象。尽管当时你或许真的有事，可是他们并不明了。换句话说，你的一次拒绝，其效果将会一直延续相当长的时间，如果你不对这次拒绝作出合理的解释，也就意味着你失去了下一次帮助对方的机会，同时也意味着我们从另外一个方面阻断了一条人际交往的道路。

上司突然交给王文一件十分紧急的工作，时间紧迫，要求王文两天后就要出方案，但王文此时正处在另一项目的重要时期，出于全面的考量，他觉得自己无法同时完成两件重要案子，但他又不愿因为这一次的拒绝，被上司认为是逃避工作而遭受冷落。

王文这次的拒绝只是一个特殊事件，并不是对上司所有指派工作的拒绝，那么他该如何说才能让上司理解他，而不影响之后的职场工作呢？

第一步：告诉对方，你是可以完成这个工作的。

王文：“其实这个项目交给我是没有问题的，上次上海的项目就是我处理的，获得了很好的效果。”

第二步：告诉对方，你做好工作的原因。

王文：“您也知道，上海的项目之所以取得成功，是因为我一直在与他们接洽，同时我对他们的背景、运营、理念都十分了解，所以才顺利完成工作。”

第三步：告诉对方，你不得不拒绝的原因。

王文：“但这次的工作我恐怕不能接手，因为我对这次的合作公司了解太少，按照现在的资料和时间进度来讲，我必须花费大量的时间去从头调查才能保证项目的顺利，不过您放心，如果下次我能从头参与一个新项目，我一定会处理得比上海那个项目更好。”

第四步：告诉对方，解决问题的建议。

王文：“您来找我，无非是为了解决这个方案的问题，据我所知，市场部的明宇一直都在参与这个项目，虽然他还没有独立执行方案的经历，但他的领悟力很高，我在一旁协助他，相信一定能完满地解决这个案子。”

遇到问题，上司主动找到王文，无非是为了解决难题，王文虽然拒绝了上司，但他话里话外表露出来的意思是“我本愿意接受，但客观条件不允许”，不仅如此，他还给上司提出了更好的建议，这会增加上司对他的好感和信任度，下次有了事情，上司依然会想到他，这才是高明的拒绝法。

高明的拒绝，应该是对事不对人，如果我们碰巧好几次都是因为条件不允许而拒绝了他人，却不告诉对方我们拒绝的时效性，那么很可能会让对方误会你的拒绝是针对他个人，从而造成了双方的嫌隙和疏远。若这种疏远来自职场和领导，则可能造成更大的麻烦。

所以若你某次拒绝对方仅仅是由于自己的客观原因，并不是针对他人，那么你一定要在拒绝的时候告诉对方：“真抱歉这次由于我的原因不能接受你的请求，但下一次我一定尽全力帮助你。”

拒绝他人的方式技巧

我们可以把所有的语言交流看作是一种说服，赞美是说服对方相信他们自己很优秀；批评是说服对方相信自己做得还不够好；而拒绝就是说服对方相信我们真的没有能力完成他的请求。

一般情况下，拒绝别人时我们只需把真正的原因告诉对方即可，比如：“真抱歉，我现在要先把明天的会议报告赶出来，实在没有时间帮你处理这件事。”这样大方、直白的拒绝能够让请托者彻底放弃请你帮忙的念头。但有的拒绝却没有那么简单，比如，有个女孩十分委婉地拒绝了一个男孩的追求，原因是那个男孩长得不够帅，但是男孩一直不死心，难道此刻女孩就要把自己的真实想法一五一十地说出来吗？这当然是不行的。

小羽是某艺术团的首席钢琴师，经常参加一些大型文艺表演。有一次，她

的朋友想去看一场表演但却没买到票，一番打听下找到了小羽。她对小羽说："我很想看这个演出，也很想欣赏下你的钢琴演奏，但售票处的票已经卖光了，你能不能帮我找一张票。"小羽手头没有赠票，又不愿意在演出前为了一张票浪费精力，但面对好友的哀求，她又不好拒绝，只得说道："很遗憾，我手上也没有票，不过，在大厅里我有一个座位，如果你愿意……"小羽的朋友十分开心，忙追问道"我愿意！我愿意！那个座位在哪里？"小羽慢悠悠地回答，"很好找——就在钢琴后面。"

有些事我们碍于情面不好当场拒绝，不妨就像小羽一样，一开始先答应下来，不让对方感到难堪，接下来告诉对方一个可以接受的借口，这样他也会认为你是真诚、认真地对待他的请求，因此即使被拒绝也会对你表示谅解。

有一天，赵老师班上的学生向她提出上课时间看电视的要求，原来今天是"神舟五号"发射升空的现场直播。

此时赵老师十分为难，如果拒绝学生的要求，无疑是在打击大家的积极性，但上课时间看电视直播又严重违反了学校的制度，也会延误同学们的学习进程。那她应该怎么做呢？

赵老师是这样说的："同学们热爱科学，关注社会的精神是值得赞扬的，但现在看影响上课，也违反学校制度，影响班级形象。到中午休息时间，我们再一起收看重播，可以吗？"

先顺着学生的意思肯定其想法，然后再说明不能看的理由，还向学生提供方法，这样就避免了伤害学生情感，达到了两全其美的效果。下面列举了一些拒绝的技巧，我们应该在领会的基础上考虑其在现实生活中的应用，切不可不顾实际情况盲目照搬。

1. 间接拒绝

对于别人的想法和要求，你可以不急着表明立场，而是先用肯定的口气表示赞赏，然后再委婉地告知对方你拒绝的原因，这样不会直接伤害对方的感情，也更易令人接受。你可以这样说："你说的对，这是一个好主意，不过如

果三个月以后再实行会更好”，“我知道你是我最好的朋友，如果不是十分相信我，你不会来找我，但我实在忙不过来了，下次你若拜托我，我一定尽全力帮助你”等。

2. 委婉暗示

有时候，你可以通过一些委婉的暗示来告诉对方你的拒绝，如向对方大倒苦水，讲述自己的困难，一般对方是会明白你的用意的。当然，与此同时，你可以表示出深深的同情与理解，也可以表达你的关心与无能为力，同时在对方离开时，你还可以送上自己的良好祝愿。

3. 主动出击

如果在对方提出请求前你就已经洞悉他的用意，那么我们可以采用主动出击的方法来予以拒绝。比如，你的同事每个月都要来管你借钱，但什么时候还钱却绝口不提，这个月他又笑呵呵地来拜访你，你可以在他开口前率先提出要求，“你来找我真是太好了，我正准备去找你借点钱应急。”对方一听这话自然不会再向你开口借钱了。

4. 贬低自我

对于那些既没有什么实际意义又浪费时间与精力的活动，采用这种方法在玩笑的气氛中使自己全身而退。比如说同学聚会，你确实不想喝酒，你可以说:“我是爸妈的乖儿子，在家里根本没有地位，要是喝了酒，回去会被我爸揍死，大家就饶了我吧。”同时，你还可以辅以其他的事例进行说明，或者找一些比较好的借口增强这种自我贬低的效果。

5. 顺水推舟

对于某些问题，我们可以巧妙地把对方设置在同样的情景，引诱对方作出判断，从而让对方明白自己的处境或意思，以巧妙地拒绝对方的要求。

有些时候，我们为了维护双方的关系，即使不得不拒绝也要慎重地想想自己的理由是否充分、态度是否诚恳。一般情况下，客观条件和道德理由都是可以明确地告诉对方的，但一些主观因素，如对审美的评价、没有理由的拒绝等

原因就不宜直接告诉对方，而是需要我们利用一点口才的技巧。

拒绝别人要有原则

智者曾说“拒绝是门学问”，这话一点也不夸张，毕竟谁也不愿意遭到别人的拒绝。然而很多情况下，拒绝其实是对对方的一种尊重，是为事情找到更好解决办法的途径，但即使如此，我们也仍需谨慎对待，要遵循一定的原则去拒绝，将拒绝给对方带来的不快和困扰降到最低。

家住北京的李先生本来计划周末开车去河北办事，因为途中经过天津，所以他的一个朋友托他帮忙将本地特产——北京烤鸭带到天津的亲戚家中。其实这本是一件小事，不过令李先生苦恼的是：虽然路过天津，但走的路线是外围的高速，并不进入市区，更何况他对天津市区的路线并不熟悉，所以他本想拒绝。但好友一再请求，他也觉得这一件小事都要拒绝的话，实在是说不过去，于是没想太多便一口答应下来。

到了天津后，由于李先生实在不熟悉当地交通，在市中心绕了大半天才终于把特产交给对方。遗憾的是，由于在车里闷得太久，烤鸭已经变质，弄得对方心里很不愉快。更郁闷的是，因为在路上耽搁太久，当他赶到河北时，和李先生约好的人因为有事已经坐上了去外地的飞机，不得已，李先生只好在河北多待了几天才把事情办完。

李先生觉得很委屈，自己本来是好心帮忙，结果却两边不讨好。其实，在他接受好友的请求时就已经注定了这样的结果，因为这个忙，实在不适合去帮。李先生这种“事与愿违”的经历，在我们的工作生活中很常见，如果我们要避免类似的情况发生，最简单的方法就是正确对别人说“不”。

雅文接到一个很重要的项目，但要完成这个项目，必须要有一个懂得成本

核算的人员协助。雅文想到了跟自己交情不错的同事小影，于是便邀请她加入自己的项目。不巧的是，小影目前已经接了好几个项目，其中还有一个催得比较紧，因此对雅文的项目实在是爱莫能助。为了不让雅文感到不满，她认为自己需要恭维她一番："你这么有能力，这点事肯定难不倒你，我就不用出马了吧，而且我手上的工作还很多，实在没有精力，我相信凭你自己一定能完成。"

虽然小影是在夸奖雅文，却同时也在表达自己的拒绝，但雅文听完却一点都不高兴，反而心想："我有什么能力？你明明知道我不会成本核算才来求你的，你是在讽刺我吗？"

小影本想利用赞美缓解对方遭到拒绝的不满情绪，但若使用不当，就会让对方觉得是在花言巧语，反而令事情变得更糟。与其给人造成花言巧语的错觉，倒不如大大方方地表示歉意，开诚布公地说明原因，效果可能更好一些。

小影如果实在无法帮助雅文，不妨这样回答："雅文，真的很感谢你邀请我加入，不过最近我手上的工作任务很重，许多资料要核算，有点忙不过来。所以很抱歉，我目前恐怕无法加入。"

正确地对别人说"不"，是件难度颇高的口才技巧，我们要寻找时机，并巧妙地拒绝对方，才能维护自己辛苦建立起来的人际关系，并保证自己有足够的时间、精力去完成自己的计划。在这之前，我们需要了解拒绝的几个原则，这会使拒绝的话变得更容易让人接受。

1. 给你的拒绝找一个理由

实际上，拒绝是一种变相的辩论，别人会想方设法说服你接受他的请求，而我们要做的就是利用各种方式去拒绝。若要让对方心服口服地接受拒绝，我们要秉持的第一个原则就是说出一个值得信服的理由。当然，即使没有理由我们也可以拒绝别人，只是这样会让对方感到非常不满，这对维护我们的人际关系不是一个好做法。

2. 拒绝的态度要大方、明确

如果你对对方说"这个问题我帮不上忙"和"我认为这个问题有些难度"，

显然后一句会让对方误以为你已经答应帮助他。这种模棱两可的回答很容易造成误解，与其让对方抱着不切实际的幻想空等，不如在最初便狠心拒绝，或许会帮助他找到更好的解决方法。

3. 不要过多解释你的拒绝

有的人在拒绝别人后，由于良心不安总是为自己的拒绝找一大堆冠冕堂皇的理由，这种画蛇添足的行为反而让对方觉得你是在借故推托。其实我们大可不必，你可以积极帮助对方想解决办法，或者直截了当地告诉对方自己的难处，适当表示抱歉即可。

虽然拒绝是为了维护我们自己的权益，但我们也要尽量照顾到对方的感受，尽量降低“拒绝”带给对方的伤害。比如，适当地利用幽默感来缓和气氛，让对方在大笑中接受拒绝。

第13章
化解矛盾，不失风度地摆脱尴尬

人际交往之中，与人交谈时难免会出现言语或者思想不合的情况，当出现这样或那样的矛盾时，该怎么办呢？除了宽容和大度之外，我们还应该积极地消除矛盾，自我解嘲也好，为自己打圆场也罢，总之办法有很多种，实在不知道该怎么办，装糊涂也不失为一种好办法。

用巧妙的语言摆脱尴尬

在现实的交际生活中，有时是对方有意依仗亲密的关系公开揭你的短，或讲述你过去的傻事。有时是对方无意地，不知不觉中说出了你的隐痛之处。但这些都很可能让您陷入一个尴尬的局面。可见，尴尬是人们在生活中不愿碰到且不能不碰到的，关键问题在于怎样应对尴尬。所以，与人交往，必备一些化解尴尬的语言技巧就显得尤为重要。

在美国第35任总统候选人的提名过程中，肯尼迪的年轻和孩子般的外表成了一个不折不扣的不利条件。众议院发言人萨姆·雷伯恩就攻击肯尼迪是“乳臭未干”的几个民主党领导人之一。面对这样的攻击，肯尼迪却哈哈一笑说：“萨姆·雷伯恩可能认为我年轻。不过对一位已是78岁的人来说，他眼中的大部分人都年轻。”萨姆·雷伯恩顿时一脸灰色，无奈地闭上了嘴。

很多时候，当对方有意为难你时，如果你真的忍不住而动气，那别人会说你没有涵养。而如果你放松心情，用一些“花言巧语”给予对方还击，不但可以轻松摆脱尴尬的处境，还会让大家对你刮目先看。那么，当我们遇到尴尬的情境时，如何用“花言巧语”来化解尴尬呢？

第一，当你已经判明来者不善，是怀有恶意、故意挑衅时，你可以“以眼还眼，以牙还牙”，有理、有利、有节、有礼貌而巧妙地回敬对手，针锋相对，“原物”顶回。

第二，要学会自我解嘲。因为对方可能是习惯，对谁都这样。让心情放松，自己把这种玩笑转移给大家。如有人说“不愧是属猪的，真能吃”，不妨接上

一句“所以咱们才能聚到一起呀”。

第三，如果有人用过于唐突的言辞使你受到伤害，或叫你难堪，你应该含蓄以对，或装聋作哑、拐弯抹角、闪烁其词，或顺水推舟、转移“视线”、答非所问，谈一些完全与其问话“风马牛不相及”的事，用这种委婉曲折的方法反驳对手，定会取得奇特的功效。

适时适度地拿自己开玩笑，是一种良好修养，更是一种充满魅力的交际技巧。拿自己开玩笑，能制造宽松和谐的交谈气氛，能使自己活得轻松洒脱，使人感到你可爱的人情味，有时还能更有效地维护面子，建立起新的心理平衡。

用语言助你扭转不利局势

在现实生活中，过于严肃和枯燥的东西往往不易为人所接受，所以人们会想方设法把它变得灵活些、有趣些。人们把这种方法叫作“打圆场”。其实在交际场合中也是一样，如果因某个较为严肃、敏感的问题而搞得双方都很尴尬时，我们同样可以通过一些适当的语言技巧给自己圆场，从而轻松化解尴尬，使交际活动得以顺利推进。

有一次，一位著名演员及其丈夫举办敬老宴会，请文化艺术界许多著名前辈参加。90 多岁的老画家由他的看护陪同前来。老人坐下后，就拉着一个年轻女演员的手目不转睛地看。过了一会儿，老人的看护带点责备的口气对老人说：“你总看别人做什么？”老人不高兴了，说：“我这么大年纪了，为什么不能看她？她生得好看。”老人这么一说完，女演员顿时脸红了，这也弄得大家很尴尬，此时这位演员笑着对老人说：“您看吧，我是演员，不怕人看。”大家听了都哈哈大笑，尴尬的气氛也一下子被化解了。

生活中发生的一些猝不及防的意外事件，往往会让当事者遭遇不必要的尴

尬。这时如果利用突发事件及事物与语言间的关系来机智巧妙地给自己圆场，不但可以让自己轻松摆脱尴尬，还会让气氛变得更加热络。那么，当我们遇到尴尬时，该如何为自己圆场呢？

第一，如果因某个较为严肃、敏感的问题让自己陷入尴尬境地时，我们同样可以通过幽默的解说来给自己打圆场，从而把原来闹得很僵的局面搞活，让交谈顺利进行。

第二，人际交往中，当因自己的一个不合理的举动而使自己陷入尴尬局面时，最为行之有效的打圆场方法莫过于找一个视角或借口，以合情合理的依据来证明对方的举动在此时是正当的、无可厚非的。这样一来，个人的尴尬解除了，正常的局面也得以继续下去了。

在交际活动中，尴尬往往是因交际的双方或局外人对彼此不甚了解，进而做出一些让对方迷惑不解的举动而引起的。因此，我们可以采用故意曲解的策略，假装不明白尴尬举动的真实含义，而给出有利于局势好转的理解，进而一步步将局面朝有利的方向引导过去。

自我解嘲更显智慧

谚语说：“自作聪明者笑别人，真正聪明者笑自己。”自嘲其实也是一种人际交往的智慧，在我们面临人生中的尴尬与矛盾时，不妨一笑置之，以一种自我嘲解的智慧，让尴尬化解于无形之中，让你的人际关系锦上添花。

第二次世界大战时期，丘吉尔到美国寻求援助。有一次丘吉尔刚洗完澡什么也没穿走进房间，这时候罗斯福总统却突然摇着轮椅进了屋。看到丘吉尔赤条条的样子，很是尴尬，但丘吉尔却幽默地说：“罗斯福先生，您瞧，我这个大英帝国的首相，可是什么也没对美国总统隐瞒啊！”两人呵呵一阵大笑，一

切尴尬都在那坦诚的笑声中化解了。

生活中，谁都难免尴尬。面临人生中的尴尬与困境，我们可以一笑置之，用好“自嘲”这个工具，自我解脱、自我安慰。以求以一种良好的生活态度走过充满风雨的人生道路。

那么，如何巧妙运用自嘲化解尴尬呢？

第一，当你遇到不公正的待遇或受到不合理的评价，自己又不便直接抗争时，不妨运用自嘲，以委婉暗示的方式，表露出心中的郁闷和不满，让周围的人了解自己的真实感受，起到直抒胸臆所难以达到的效果。

第二，当对方问及一些自己不知道的问题时，为了避免尴尬，可以适当地自嘲，如可以说“我本来文化水平低，这个问题太高深了”。自然对方也不好意思继续追问。

第三，自嘲往往是夸张地、形象化地揭示自己的缺陷，很能表现自己的真诚和坦率，因而就易于得到他人的好感和信赖，在社交中取得主动。

自嘲不是一些人的自我作践，而是一个成熟的人所必备的交际手段。懂得自嘲的人往往也能正视自己的缺陷，给人留下自信的形象，从而得到别人的敬重和爱戴。比如，你正在画一幅山水画，但是却没有取得应有的画面效果，你不妨自我嘲笑说：“我这个业余的绘画爱好者功夫还是不到家呀，这哪儿是画画啊，分明是在信手涂鸦，专业画家见了会为我这种业余的水平而感到丢脸。”这时候，大家就会原谅你的状态不佳，也就不会去想挖苦和嘲笑之类的话题了。相反，当你明知不能继续的时候，还要装腔作势，设法掩饰，就会给自己带来更大的尴尬，导致无法收场。因此，在任何情况下，大胆地进行自我调侃是一种聪明的行为，他不仅能给自己寻到一条后路，还能引起别人的亲近。

巧用幽默化解尴尬

在一些意外的场合，常常会碰到一些意想不到的事，如果处理不好着实使人尴尬万分，此时要化解难堪的局面，不妨假装糊涂一些，随之产生的幽默效果将有助于你轻松化解尴尬，让交际双方皆大欢喜。

有一次一家旅馆招聘侍者，前来应聘的人很多。老板想考考他们："有一天当你走进客人的房间，发现一女子正在裸浴。你应该怎么办？"众人都抢着回答，有的说："对不起小姐，我不是故意的。"有的说："小姐，我什么都没有看见。"老板听后不停地摇头，这时一个小伙子走上前说："对不起，对不起先生。"结果他被录用了。

这个老板其实就是想考考前来应聘的人的处理尴尬问题的口才技巧，而这个小伙子巧妙地使用了糊涂的语言，使客人得到了心理上的安慰，同时也得到了老板的赏识。在生活中，经常可能碰到一些不能回答但又不得不回答的尴尬问题，这时候巧妙地使用糊涂语言进行对答将是化解尴尬的最好手段。

第一，很多时候，有些问题不回答也尴尬，如实回答可能会更尴尬，最好的办法就是答非所问，让对方无济于事。

第二，遇到意外的尴尬情景，最好的应对方法就是故意说错话，就像例子里的那个小伙子，故意把"女士"说成是"先生"。

第三，对别人的话进行歪曲、荒唐的解释，以一种轻松、调侃的态度，将两个表面上毫不沾边的东西联系起来，造成一种出人意料的效果。

俗话说"金无足赤，人无完人"，每个人都难保有这样或者那样的毛病，在交际场合中也不可能做到十全十美。在遇到尴尬的事情时，没有必要去抱怨自己的时运不济或者先天缺陷，而是要学会用幽默的自嘲形式来给自己寻找一个台阶。这样的话，既避免了别人的捉弄和嘲笑，又能体现你的自信和成熟。社交中所处的劣势，也就很快能够在你的自嘲之中变为优势，最终取得意想不

到的艺术效果。

谈笑间打破窘困的局面

在社交场合中，往往会遇到令人发窘的尴尬问题，在这种时候我们要学会处乱不惊，寻找从狼狈的境地中解脱的办法，将自己的思想调整到自由、活跃的状态，用机智的语言来为尴尬的各方打圆场，打破窘迫的局面。

金亚楠和老板陪一个外商用餐。老板热情地请外商点菜，备受感动的外商在看了菜单之后，一时兴起，说了句中国话“tu tou si”，讲完之后又朝着老板笑了笑。谁知老板却火冒三丈，当即指着外商大骂：“你，洋鬼子死！”原来，外商在说“土豆丝”的时候因为发音不准被老板听成了“秃头死”，正好老板却是光头，外商的微笑也让老板误以为是嘲笑，因此就气冲冲地朝着外商大骂了起来。

当金亚楠告诉老板老外的真实意思时，老板顿时暗自后悔刚才的冲动。而外商对老板的斥骂感到不解，同时对他的粗鲁也面露愤怒。双方陷入了巨大的尴尬之中。

为了避免这次因误会而错失的机会，金亚楠便用英语向对方解释道：“在我们中国有‘打是亲，骂是爱’的俗语，刚才我们老总的行为其实是事先精心安排好的，他并不是要骂您，而是一种示好的方法。可能是因为您对中国文化不太了解的缘故，对他的举止感到不喜欢……”

外商听到之后，转怒为喜，笑着说：“这实在是太有趣了，不过，我可不可以不死啊？我还以为你们老板不喜欢吃‘秃头死’呢……”外商发出阵阵爽朗的笑声，而老板听到“秃头死”这三个字却总感到不舒服。

金亚楠便继续开玩笑说：“我们老总很喜欢‘秃头’，就是不喜欢‘秃头

死’啊！”

“哈哈，那就只喜欢‘秃头’好了，‘秃头’真的是很不错的！”外商继续哈哈大笑着，老板的脸色也缓和了许多。

面对突发性的事件，没有任何人能够做好事先的准备。而交际场合中尴尬窘迫的现象又是时常发生并且表现不一的，因此，在我们处理这些尴尬的事件时，一定不能拘泥于某个固定的模式，而是要善于分析和思考，从而表现出具体的恰当的反应，只有这样才能化窘迫为谈笑，化尴尬为正常。

1. 转移话题

在交际场合中，往往会遇到一些比较严肃的话题，交际的双方难以在这些事情上达成一致的意见，从而阻碍交谈的正常进行。那么在这个时候，就要刻意地去回避一下，将谈话转移到其他的话题上去，用一些轻松愉快的谈话内容来改变一下紧张的局面，转移双方的注意力。这样就能将意见分歧较大的话题作有意识的淡化，让原来僵持的场面重新变得宽松愉悦起来，把给双方心理带来的负面影响降到最低的范围之内。

2. 给对方寻找台阶

社交场合的窘困局面，并不仅仅是因为意见分歧较大的事情所导致，还有的时候是因为一些人对客观时间地点环境因素的疏忽，讲出的话明显地不合时宜，从而造成了整个交际场合的难堪和尴尬。在这种事情出现的时候，对不合时宜的谈话内容进行大声的斥责只会让局面更加尴尬。最行之有效的方法，就是转化一下角度，将这一个话题说下去，来为那些有悖常理的话进行合理的解释，寻找其立足的理由。这样一来，不仅有效地解除了尴尬局面，更能让对方对你充满感激，从而从心里愿意和你进行长久的交往。

3. 善意曲解，消除误会

在交际场合中，交谈双方难免会因为一时的疏忽而说出一些不合时宜或者是带有歧义的话，从而让别人产生误解，心理上感到不愉快。在这个时候，直接的解释往往起不到太大的作用，倒不如采取故意曲解的方法，对那些不合时

宜的话装作不知其意，而是顺着这个话题继续说下去，从善意的角度进行解释或者打圆场。这种看则无心实则刻意地去接话方法，会很快地将局面朝着有力的方向引导和转化。那些尴尬的局面也将会随着故意的曲解而不复存在。

每个人都希望自己在社交场合中做到从容不迫，但是现实却和理想有着很大的距离。在具体的交际中，我们经常会遇到一些让我们措手不及的突发状况。这时候往往会让每一个在场的人都感到异常尴尬，下不了台。如果僵持在那里，只顾及自己的不自在的话，别人也会和我们一样感到压抑，最终也会让气氛变得十分凝重，也会让原本可以顺利办成的事情僵持在那里。一个会说话的人能够巧妙地运用一句玩笑话抹去意外发生的尴尬，改变人们的处境和心情，营造出一份特有的气氛，让社交场合重新回到欢快和愉悦当中。

用模糊的语言回避敏感话题

在现实生活中，有很多的事情会在没有思想准备的情况下发生，也有很多的问题会让自己感到左右为难。在这种情况下，如果选择沉默或者拒绝不免会给交际双方带来不好的影响，也会让自己在别人心中的印象大打折扣。在这种时候，我们不妨用模糊的语言来作出回答。

模糊的语言是一种重要的交际手段，同时也体现了一个人随机应变的能力。在一些不必要，或者不可能把话讲得过于清楚的情况下，完全可以运用这种表达方式，既避免了紧张的气氛，又让自己得以解脱，同时还不会给别人带来负面的心理影响。

在社交场合游刃有余的人，都懂得“模糊语言”的正确运用。模糊的语言能够用恰当的方式、微妙的语言，对别人的问话或者请求作出有余地的回答，既不会因为生硬的拒绝给对方带来不快，又能够保全双方的面子，从而避免了

不留后路的后顾之忧，而且也能够避免事与愿违的尴尬和承担后续的责任。

有一艘豪华客轮在即将到达旅游点的时候突然停了下来，原来是客轮的驾驶室里出现了一些问题。游客们在经过几十分钟的等待之后，终于忍不住内心的不满和焦躁，纷纷把矛头指向了导游，质问事先为什么没有对油轮进行检查，追问客轮什么时候才能重新启航。面对情绪激动失去理智了的人们，导游却是镇定自若，脸上一直带着微笑，心平气和地向大家解释："请大家不要着急，客轮并没有什么大问题，只是出现了一点小毛病而已。技术人员正在做检查，一会儿就修好了。为了大家的安全，请大家耐心地等一会儿，不要走远，更不要站在危险的地方，马上就要启航了。"导游不断地重复着这些话，游客们的心情也慢慢平静了下来。

导游在回答旅客的质问时，用了一连串的"一会儿""马上"等词语，既避免了游客的情绪再度波动，又因为没有给出确切的答案从而给自己留有了余地。他在安慰中，并没有给予确切的时间承诺，却用一连串的模糊语言让游客们安静地等待了一个多小时。不妨试想一下，如果导游为了安抚游客，盲目地讲"15 分钟之后就可以启航了"，15 分钟之后客轮依然停留在原地，很可能就会激起游客的怒火。之后，将自己逼往绝境的导游再作出任何的解释都是没有用的，反而会加重游客们的怨气和怒气。

模糊的语言可以作为一种缓兵之计，当别人问你一些没办法回答的问题的时候，如果委婉拒绝不能起效的话，你就应该用一些模糊的语言来搪塞一下，这样既可以让自己从麻烦中摆脱出来，又能够不伤及对方的面子。一个聪明的人，在敏感话题上从来不言之凿凿，也不会生硬拒绝，而是懂得用一些模糊的语言来保全双方的面子，从而既为自己留了一条后路，又避免了一些不必要的纠纷。

模糊语言的表达形式是多种多样的，比如，闪烁其词、答非所问、避重就轻等，但归根结底就是不要把话说得太死，给自己的语言留有余地，也在给对方留足颜面的同时使其对以后的交往存有更大的兴趣。

在现实生活中，有很多的敏感性话题让我们无法做到坦诚布公地回答，但是又因为考虑到双方的颜面而不愿意作出生硬的拒绝，那么就要在说话中讲究一些策略，用模糊的语言回答别人无心或存心的话题，做到既有力度又不伤人，这样的谈话方式就会让你的口才能力上升到一个新的台阶。

现实生活中，有很多的问题需要用模糊的语言来回答。当别人问你“月薪是多少”的时候，你不妨说“聊以糊口罢了”，如果有人问你是怎样结识一个大人物的时候，你不妨说：“这是个很复杂的过程，等以后有时间了，我再详细地告诉你。”当别人打听到你父亲的朋友就是你所在公司的领导时，故意问你：“你在这家公司应该不错吧？”你可以说“全托您的福”等，这样的回答既显示出了你的热情，又能巧妙地躲避掉那些不愿意回答的问题。

模糊的语言是日常生活中随机应变的一种重要的方法，常常用于一些不必要或不可能把话说得太死的情况。这个时候，我们就可以很巧妙地运用这些模糊的词语，避免给人一种圆滑的印象，在你不确定的时候，就不要说大话。

学会用巧妙的语言逃避难题

在遇到尴尬场面的时候，并不是每一次都能够有人出来为你打圆场，替你开脱。要想让自己摆脱窘迫的场面，就应该依靠你的聪明才智来为自己开脱。

在一次巡游江南的时候，雍正皇帝和刘墨林来到苏州看到了一尊弥勒佛像。雍正皇帝突然指着佛像问：“他为什么对着我笑呢？”这个问题有点难以回答，毕竟佛像见了谁都是一脸笑容可掬的样子，但是刘墨林又不能直说，否则就显得自己没水平。于是他就回答说皇帝是文殊菩萨转世，是当今活佛，佛见佛故笑。刘墨林原以为雍正皇帝会为此开怀大笑的，不承想，皇帝话锋一转又问他：“那么，为什么佛见了你也笑呢？”刘墨林不愧是大才子，十分机敏

地回答道："佛是在嘲笑臣成不了佛。"

刘墨林由于刚刚说了佛见佛笑，如果依然这样回答的话，那么他自己也就成了佛，有和皇帝平起平坐的意思，说不好会有诛九族的大罪，因此就把佛的笑说成了是对他的嘲笑，既巧妙地让自己开脱，又给皇帝戴了一顶大大的高帽。

在千变万化的生活中，我们会经常遇到让自己感到为难的问题，如果不去回答的话，显得自己没有礼貌，选择面对的话却有可能会给自己带来一些伤害，那么，就要学会巧妙地为自己开脱。

一般来说，为自己开脱的方式不外乎以下几种：

1．模糊回答

有些问题让你感到不好意思说出口的时候，你可以用模糊的语言来进行回答，这样既能不失礼数，又能很好地维护自己的面子。比如，有一个目不识丁的人，有人问他："你是否读过《十日谈》？"他就回答："最近不曾。"其实这只不过是一种遁词罢了，实际上他根本就不曾知道有这么一本书。还有一次，别人问他是否看过《莎士比亚全集》，他就回答说"英文没读过"。这样就会给人一种误解，他比较了解莎士比亚的作品，能够读懂英文，但是时间太忙，只是看了别人的翻译，等以后抽时间再去读原汁原味的莎士比亚。此言一出，别人不禁对他肃然起敬。

2．暗示性语言回答

有时候别人向你问话的时候，你感觉如果直言相告可能会让他难以接受，如果不回答的话又说不过去，那么你就不妨讲一些暗示性的话语，做到既能让对方了解事情的真相，又能巧妙地让你得到开脱。

在宋朝时期，有一个叫孙山的人和一个同乡一起上京赶考。到了发榜的那一天，孙山考中了进士，不过是最后一名，而他的同乡却落榜了。后来，他的同乡感觉脸上无光，就留在了京城，而孙山则回到了家里。回到家后，那位同乡的父亲急切地向他打听儿子是否考中。孙山觉得，如果直言相告的话，同乡的父亲可能难以接受，自己也可能会落得个得意忘形的评价，于是他就随口念

了两句诗给那位同乡的父亲听：“解名尽处是孙山，贤郎更在孙山外。”那位同乡的父亲听后，明白了他的意思，就转身走了。

3. 故意装糊涂

在和别人交谈的时候，如果老老实实地回答别人的问题，很可能就会陷入对方设置的陷阱之中，让你无法下台。在这种情况下，你不妨装作没有听懂，用糊涂的回答来应对别有用心的提问。

在一次记者招待会上，有一个外国记者问王蒙：“请问，20 世纪 50 年代的您和 80 年代的您有什么不同和相同的地方吗？”这位记者是别有用心的，他提问的用意可说是路人皆知。这时候王蒙却从容不迫地回答说：“我在 20 世纪 50 年代的名字叫王蒙，在 80 年代也叫王蒙，这是相同的地方，但不同的是，当时我才 20 多岁，现在却已经年过半百了。”

记者提问的目的是让王蒙谈一下对中国国内改革形势的感受，又不好直冲冲地进行提问，就给王蒙一个限定的年代的范围，而王蒙却故意曲解对方的本意，只从自己的年龄变化上来回答问题。这个回答是无懈可击的，既给了对方一个答案，又没有给对方任何有效的信息，还不能让他抓出破绽。

生活千变万化，什么样子的怪问题都可能遇到，而对付这些怪问题的方法，就是作出迅速灵巧的变通，千万不可以被对方的问题困死陷于被动。当你被人刁难的时候，你可以给人似是而非、雾里看花的感觉，可以用“大约、最近、前后、方便的话”等词汇来解决这些问题，为自己开脱。

第 14 章 把握时机，随机应变的口才技巧

在交往过程中，为了与他人建立良好和谐的人际关系。言语沟通是不可缺少的重要方式之一。所以适当熟悉一些应酬妙语，这样才能让事情更加顺利。然而与人相处的过程中，会出现各种突发状况，怎样能应对各种人和各种状况呢？怎样才能做到随机应变、巧妙应对呢？会说话无疑给你很大的帮助。

把握好说话时插话的时机

会说话的人不仅善于将自己的语言表述清楚，而且还善于在恰当的时间打断朋友的话而不被朋友厌恶。

在与朋友交谈的时候不能一味地只是点头同意朋友的意见，也不能一语不发。适时的插话能帮助朋友发散思维。知道在什么样的情况下说出什么样的话，这是一种智慧。而在别人说得正有激情的时候，突然插上一句，只会让对方反感，而且还是一种不礼貌的行为。

虽然认真听别人说话是一种对别人的尊重与礼貌，但是你在恰当的时间，向别人说出自己的困惑也是一种对别人的尊重。别人会因此而觉得你是在认真倾听他的话，对你提出的疑问不但不会反感，还会替你仔细讲解其中你不明白的地方。

与朋友说话时的最佳插话时机，就是等对方将自己的话说完，如果对方还没有将话说完，你就提出了自己的疑惑，并要求对方予以解答，这样是很不礼貌的。

小敏是一个刚刚踏入社会的女孩，对于自己的说话艺术她有很强的自信，觉得自己虽然是刚刚进入职场的新人，但是由于自己大学时代就经常研究职场人士应该怎样合理地说出自己的想法之类的职场说话艺术的书籍，所以对于自己的说话方面总是有着极强的自信。

最近，同事小燕好像遇到了什么自己难以解决的困难，经常闷闷不乐的。小敏看见之后，就问小燕自己有没有什么可以帮到她的地方，小燕见小敏这么

热情就将自己遇到的困难向小敏说了一遍，同时对小敏的这种热情充满感激。可是，在小燕说自己的事情的时候，小敏却总是插嘴，小燕还没说完小敏就说："把你刚刚那句话重新说一遍可以吗？我没太听明白。"小敏总是以这种方式打断小燕的话，这让小燕烦不胜烦，但是，想到小敏也是一片好心想要帮助自己，就没怎么说。但是，从心里就做了一个决定——以后，无论遇到什么样的困难都不要找小敏帮忙，虽然小敏为人热情，但是她不懂得尊重别人。

以后，小敏遇到同事有什么事情之后也都那么乐于帮助大家，但是通过与小敏的交往之后，好像都对小敏的这种热情不太喜欢，这让小敏疑惑不解。小敏甚至觉得自己这么善于解决同事们之间的问题，这么明白办公室的说话艺术，大家不喜欢自己只是因为他们还不了解自己，等他们真的知道自己的好的时候，就会改变现在的状况。小敏还是深信自己掌握着职场说话的最合理的方式，对自己的说话艺术还是有着极强的信心。颇有一种天才不被世人认识的感慨，还没有认识到自己的行为其实就是错误的。

小敏以为在与同事之间，说话的语气尽量好，就能得到大家的好感。但是，她不知道说话的时候光凭语气好是不够的。小燕在和她说话的时候，小燕还没有说完，她就插嘴，这样小燕当然就会认为她是不尊重自己。而小敏呢，居然还没认识到自己的错误，自己就是错在不恰当的时机说出了不恰当的话，而这不恰当的话，是不能以自己的良好语气去掩盖的。

与朋友说话的时候，应该有始有终，让对方将话说完、说清楚之后自己再发表见解，不能随意判断一个合适的时机。自己所认为的合适的时机，或许在别人的眼里就不是合适的时机，如果你真的不能正确判断什么样的时机才是真正合适的时机，最保险的做法就是等到对方说完你再说，这样就会避免不恰当插话的尴尬。

有的女性在与朋友交流的时候，不注意对自己插话时机的把握。这样的女性往往认为大家既然是朋友就没必要忌讳那么多，只图自己说得高兴，不管朋友的感受。殊不知，这样的做法会影响到彼此之间的感情，即使再好的朋友也

无法接受你一而再再而三的不礼貌行为。

把握与朋友之间说话的插话艺术，也是说话的一种艺术，这种艺术能帮助女性更好地处理与朋友之间的关系。在恰当的时机说出自己心里的想法，不仅不会引起朋友的反感，还会得到朋友的欣赏。但是，插话的时机把握得不好，就只会让你与对方之间的谈话、交流陷入尴尬境地。

把握与朋友之间说话的插话时机，是我们必须懂得的一种说话以及处世的方式。聪明的人不会在与朋友说话的时候不懂装懂，装出什么都已经听进去了结果什么也没明白的样子，而是要在自己没听懂的时候，会给自己找机会说出自己的疑惑。

以谬制谬，让对方无力还击

“以谬制谬”，也就是面对对方的谬论，我们有时可以用确凿的事实、严密的论据去反驳，但以谬制谬的方法却并不是这样，而是用跟对方同样荒谬的言语进行反击，这同样也能达到制服对方的目的。用简单的话来说，也就是当对方说出错误的言论时，不要去纠正他，而是顺着对方的错误言论，推出错误的结果。一旦结果呈现在对方面前时，对方的错误言论也就不攻自破了。这样的辩论方法的巧妙之处在于,相当于是对方主动开口承认自己的言语是错误的，对论敌来说，无疑是自己打自己的耳光。

楚庄王钟爱一匹马，这匹马穿的是华丽锦缎，住的是华丽房屋，睡的是床铺，吃的是切好的干枣。后来这匹马死了，楚庄王决定用棺椁装殓它，以大夫的礼仪来替它风光大葬。大臣们议论纷纷，都认为楚庄王的做法很不妥。楚庄王不听众人的劝解，说谁敢再为葬马的事情劝说他，就要杀头，群臣都不敢再劝了。

这时，楚国田的乐官优孟大哭着走了进来。楚庄王奇怪他为什么哭，优孟回答说："这匹马是大王最喜欢的，就凭楚国这样大的国家，有什么事情办不到？大王却只用大夫的礼仪来安葬宝马，太不够档次了，大王应该改用人君的礼仪来葬马。"楚庄王问："怎么样用人君的礼仪葬马呢？"优孟说："臣请求大王用雕饰过的玉做棺材，派甲士挖穴，让老人和孩子背土。齐、赵两国陪侍在前面，韩、魏两国护卫在后面。庙堂祭祀用太牢为祭品，封给万户大的地方作为它的奉邑。"

听到这里，楚庄王已经决定这样的方式好像太过分了，优孟见时机已经成熟，便下结论说："诸侯听到了这件事，都知道大王您轻视人而重视马。"楚庄王一听，马上说："寡人的过错竟到了这种地步吗？太不可思议了，我该怎么办呢？"优孟笑着说："请大王将这匹马当作一匹普通的牲畜来埋葬吧，在地上挖个土灶，用铜铸的大鼎作为棺材，赏赐给它姜枣，再用木兰树的皮铺在棺材里，用粳米做祭品，用大火炖煮，将它埋葬在人的肠胃里。"楚庄王觉得优孟说的话在理，于是叫人把马交给了宫里主管膳食的官员。

楚庄王要给马办丧事，这本来就是很荒唐的，而将马的葬礼办得跟大夫的葬礼一样简直就是胡闹。但在楚庄王自己看来却不觉得有什么过错，因为他太爱那匹马了，面对楚庄王如此的决定，大臣们如何反驳呢？这时优孟先不指出楚庄王的错误，而是顺着他的想法，推理出一系列结论，让楚庄王意识到自己的想法是荒谬的，而优孟则达到了"以谬制谬"的目的。

我们在使用"以谬制谬"这个论辩方式时，应需要注意哪些问题呢？

1．必须确认对方的言论是"谬"的

以谬制谬的方式只针对对方的言论是谬的，假如你明明知道对方的言论是正确的，还使用这个方法，那无疑就是给自己难堪，因为你所推理出来的结论会证明你的言论是错误的。

2．采用以退为进的辩论

即便发现对方的言论是极其荒谬的，也不需要说破，而是先假设对方的观

点是合理的，然后将对方貌似合理的论点加以引申，推出一个明显错误的谬论。以其人之道还治其人之身，有力驳倒对方的观点，这样的反击才是大快人心的。

以谬制谬就是以错制错，即用对方做出错误的言论，将对方的荒谬观点引发出来，使其表达得更清楚，然后再由此推出错误的结论来反击对方，进而使对方的观点不攻自破。通过这种方式，让言语在辩论中发挥出强有力的作用，让对方没有办法还击，只能哑口无言地呆愣在那里。

以柔克刚，打好语言“太极术”

老子有一次讲学，问他的学生，是小草强大还是大树强大，学生说大树强大。老子又问，那大风来了是小草先倒还是大树先倒。学生说大树先倒。老子问是牙齿坚硬还是舌头坚硬，学生说牙齿比较尖利。老子说：我这个年龄牙齿不在了舌头犹存。

“我这个年龄了牙齿不在了舌头犹存”，老子阐述出“以柔克刚”的深刻道理。在辩论中，能够快速影响对方心理的方法不是直接的方法，而是迂回曲折的方法。唇枪舌战，如果双方以硬碰硬，只会两败俱伤，而且也难以驳倒对方，这时不妨运用语言的“太极术”，以柔克刚，达到自己的目的。强硬的语言说得再多，只会让辩论越来越激烈，而并不能获得一个正确的结果。既然这样的说话方式并不能发挥出作用，那不妨说点柔软的话，试图与对方达成一个正确的结论。

亚伯拉罕·林肯出身于一个鞋匠家庭，而当时的美国社会非常看重门第。林肯竞选总统前夕，在参议院演说时，遭到了一个参议员的羞辱。那位参议员说：“林肯先生，在你开始演讲之前，我希望你记住你是一个鞋匠的儿子。”林肯看看他，没有表现出愤怒的样子，而是深沉地说：“我非常感谢你使我想

起我的父亲，他已经过世了，我一定会永远记住你的忠告，我知道我做总统无法像我父亲做鞋匠做得那么好。”

听了林肯这一席话，参议院陷入了沉默，林肯又转头对那个傲慢的参议员说：“就我所知，我的父亲以前也为你的家人做过鞋子，如果你的鞋子不合脚，我可以帮你改正它。虽然我不是伟大的鞋匠，但我从小就跟随父亲学到了做鞋子的技术。”然后，他又对所有的参议员说：“对参议院的任何人都一样，如果你们穿的那双鞋是我父亲做的，而它们需要修理或改善，我一定尽可能帮忙。但是有一件事是可以肯定的，我无法像他那么伟大，他的手艺是无人能比的。”说到这里，林肯流下了眼泪，所有的嘲笑都化成了真诚的掌声。后来，林肯如愿以偿地当上了美国总统。

从这个案例中看来，林肯那番对父亲表达情感的言语使他赢得了所有参议员的尊重，而在关键时刻流下的眼泪，让他赢得了成功。试想，如果林肯强硬地反击对方，那估计现场又是另一番景象，人们除了看到两人争论得面红耳赤以外，其余的什么都看不到，包括林肯的能力和才气。

1. 声调恳切

柔和的言语还需要恳切的声调，这样才更容易打动对方。比如“天气这么热我花大价钱办一笔赔本的买卖，我也担不起这个责任，还希望你能够高抬贵手”，这样柔和的表达，对方一般很难以拒绝。

2. 适当示弱

在辩论过程中，我们需要以柔软的话语来克制对方刚硬的态度，以达到自己的目的。俗话说：“软刀子更扎人。”这说的就是以话语来赚怜的说话技巧吧。

《墨子·贵义》中有：“以其言非吾言者，是犹以卵投石也，尽天下之卵，其石犹是也，不可毁也。”在辩论中，最忌讳的就是激烈的争论，最后却毫无结果。如果每个人都以强硬的语言来表达自己的观点，那估计战争的硝烟都已经弥漫了整个辩论场面，这样既不能得出一个统一的正确的观点，反而会让场面更激烈、更不可收拾。这时我们需要以柔和的言语来对付对方锐不可当的气

势，以达到说服对方的目的。

转移话题巧妙打破僵局

在谈判过程中，针锋相对的尴尬局面随时都有可能发生，任何话题都有可能形成分歧与对立。从表面上看，僵局产生往往是防不胜防的，但其实，真正令谈判陷入危机的是由于双方感到在多方面谈判中期望相差甚远。对此，谈判专家总结说："许多谈判僵局和破裂是由于细微的事情引起的，诸如谈判双方性格的差异、怕丢面子，以及个人的权力限制，等等。"有时谈判的一方会故意制造僵局，他们有意给对方出难题，搅乱视听，甚至引发争吵，这样迫使对方放弃自己的谈判目标而向自己的目标靠近；有时则是双方对某一问题各持自己的看法和主张，产生了意见分歧，这样越是坚持各自的立场，双方之间的分歧就会越大。当然，不管出于何种原因导致的僵局，作为谈判的一方，我们应该及时缓解局面，以灵巧的策略缓和场面，巧妙转移话题，打破僵局，促进谈判的顺利进行。

在谈判中，双方为一个话题争论不休，甲方说："我希望贵公司能对我们所提出的要求予以答复，否则我们之间没什么好谈的。"乙方代表则无奈地表示："关于这个问题，我已经说过很多次了，确实没办法达到你们所提出的要求，以我们公司的规模来说，真的是难以办到。我只希望你们能降低一些要求，这样我们双方之间也能达成一个协议。"听了乙方代表的回答，甲方代表摇摇头，说道："对于这些条件是没有任何商量余地的。"说完，就打算起身离开了。

这时乙方代表中的一位先生开口说道："大家都说了一个上午了，恐怕肚子早饿了吧，我早就听说这酒楼有几道招牌菜，还没尝过呢，要不，咱们先吃饭，吃过饭再说这个问题。"听这样一说，甲方代表也觉得自己饿了，于是点

点头，双方坐了下来，开始聊起了各地方的名菜。

眼见对方要起身离开，僵局已然形成，若是再不想办法进行挽救，那本次谈判就将宣告失败了。这时灵活多变的乙方代表中的先生及时地转移了话题，让大家把注意力都放在了吃饭这个问题上，而僵局的场面也得到了缓和。

1 . 灵活转移话题

当僵局已经造成，不妨短暂地结束这个话题，比如“关于这件事，正如先生所言，的确非常有道理，但是暂且先谈刚才那个提案”“正所你所言，这是非常重要的问题，所以稍后调查再作报告，在这之前先说说这个问题”“这些宝贵的意见暂且先搁置，我们不妨换个角度看看”。

2 . 先声夺人

不等对方完全摊开话题之前，你就先换个话题，然后就开始说起来，不时地还向对方征求意见，让他发表高见，并向他讨教解决问题的方法，而且自己保持诚恳的态度。这样就不给对方喘息的机会，以及再提原来话题的时间。

在谈判过程中，由于双方所谈问题的利益要求差距比较大，而彼此又不肯做出让步，导致了双方因暂时不可调和的矛盾而形成了针锋相对的局面。谈判桌上之所以出现这样的局面，其原因是双方的观点、立场的交锋是持续不断的，当利益冲突变得不可调和的时候，僵局变出现了。当僵局出现后，如果不进行及时的处理，就会对接下来谈判顺利进行产生不利的影响。当然，谈判过程中出现针锋相对的局面，并不等于谈判的破裂，不过它还是会严重影响到谈判的进程，在这时，我们就需要灵巧地转移话题，突破僵局，等到气氛融洽之后再重新回到谈判桌上来。

谨言慎行，投石问路的谈判法

向河水中投块石子，探明水的深浅再前进，就能有把握地过河。在谈判中，我们在与对手交流中，也可以先提一些“投石”式的问题，比如“假如我们订货的数量加倍或者减半呢”“假如我们和你们签订一年的合同，或者更长时间的合同呢”，在略有了解之后再进行有目的的洽谈。

投石问路是一种向对手的试探，也就是在谈判中经常借助提问的方式，来摸索、了解对手的意图以及某些具体情形。谈判中，投石问路是一种常见的方式，作为谈判的一方，你可以从对手那里得到对手很少主动提供的资料，以此来分析商品的成分、价格等情形，便于自己做出恰当的决定。在谈判过程中所提出的每一个问题都像是一颗探路的“石子”，你能够通过对产品质量、购买数量、付款方式、交货时间等问题来了解对手的具体情况。

某商场，一位大叔正在电风扇专柜前驻足。一位销售小姐走向前问:“大叔，这几天天气热起来了，您今天来是想看看电风扇吧？”大叔回答:“对呀！”“那您是想看台式的还是落地式的呢？”销售小姐继续问道，大叔想了想：“放在客厅用，落地式应该好一些吧？”销售小姐点点头：“对，在客厅用落地式的比较适合，因为它外形美、有气质，还具有装饰房间的功能。来，落地式风扇都在这边，您是需要我为您有针对性地介绍还是想自己先慢慢挑选一下？”

销售小姐具体的提问恰到好处地引导了话题，而且从顾客的回答中，销售小姐了解了其要求，从而灵活运用了销售策略。如果销售小姐不善于以提问来了解顾客的需求，那估计她在那里站一下午也难以销售出去一件东西。

投石问路的方法并不是绝对地奏效，因此我们在使用这个方法时还应该注意几个问题：

1. 提问更具体

在正式谈判中，有的问题太泛泛而谈，让人难以回答；有的问题太笼统了，

答案并没有在自己掌控的范围之内。为此，我们可以先问几个具有是非性或选择性的具体问题，把对手有价值的话题找出来，再继续往下问。

2. 因势利导，巧用“对方”的石子

有时我们会遭遇对手的“投石问路”，这时不妨针对他想知道更多情况的心理，对其进行有意识的引导，提出反建议，将对手扔过来的石子还给对方。比如“您问的问题我都答复了，怎么样，请您考虑我的条件吧”。如此因势利导，往往能促成谈判走向成功。

使用投石问路这种方法，需要谈判者是一个有心人，你可以从对方的回答中发现对方与自己的共同利益之处。双方互相试探，你提出了投石的问题，对方进行了回答，在其中你们就可以根据“问题”的突破口进行洽谈，便于快速达成双方都认可的协议。这其中最重要的是在听对方介绍时要仔细分析、认识对手，发现了可以利用之处，再进行深入交谈，不断地发现新的共同利益点。

第 15 章
心理暗示，用言语引导他人心理

在与人沟通的过程中，三言两语的暗示技巧，往往能获得出其不意的效果。有些话不便直接说出口，有些话在特定场合不方便明说，如何妥当地表达，如何让你的真实意思传达给对方，言语的暗示往往能起到不错的效果。

巧妙提出意见，令对方意识到不足

沟通是一种复杂的心理交往，而每个人的微妙心理、自尊心往往在里面起重要的控制作用，稍微触及它，就有可能产生不愉快。所以，对一些只可意会不可言传的事情、可能引起对方不快的事情，比如，提出对方的不足之处，这时候不能直言相告，只能通过语言暗示来达到目的。在说话时，我们需要真诚，但却不一定要真实，比如，对方是一个长相欠佳的人，你一见面就说："你长得真难看！"相信对方在自尊心受伤的同时也会恶语相向，和谐的人际关系也随之消失。基于每个人的微妙心理和自尊心，所以，我们在说话时尽量利用语言来传达心理暗示，巧妙提出意见，不伤和气地令对方意识到自己的不足之处。

有一天，有个倒卖香烟的商人正滔滔不绝地大谈抽烟的好处。不一会儿，从听众中走出来一位老人，他大声说道："女士们，先生们，对于抽烟的好处，除了这位先生讲的以外，还有三大好处哩！我不妨讲给大家听听。"商人一听见老人说的这话，转惊为喜，连忙向老人道谢："十分感谢您了，老先生。我看您的气宇不凡，说话动听，肯定是位学识渊博的老人，请您把抽烟的三大好处当众讲讲吧！"老人微微一笑，立刻讲起来："第一，狗见到抽烟的人就害怕，就逃跑。"台下的人显得莫名其妙，商人则暗暗高兴。"第二，小偷不敢到抽烟人家里去偷东西。"台下的人很是不解，商人则喜形于色。"第三，抽烟者永远年轻。"台下的人一片轰动，商人则满面春风、得意扬扬。

不料老先生接着说："女士们，先生们，请安静，我还没说清楚为啥会有这样三大好处呢！"商人十分高兴地说："老先生，请您快讲呀！""第一，

在抽烟的人中驼背的多，狗一看到他们以为拾石头打它哩，它能不害怕吗？”台下的人发出了笑声，商人则吓了一跳。“第二，抽烟的人夜里爱咳嗽，小偷以为他没有睡着，所以不敢去偷东西。”台下的人一阵大笑，商人则大汗直冒。“第三，抽烟的人很少有长寿的，所以永远年轻。”台下的人一片哗然。

老先生并没有直接批评商人的行为，而是先表示赞同商人的说法，再一步步通过语言表达出自己的想法，这样就收到良好的效果。正所谓“曲径通幽，渐入佳境”。

丘吉尔说：“要让一个人有某种优点，你就要说得好像他已经具备了这种优点。”有可能身边的朋友遇到困难就畏首畏尾，或者办事时总是犹豫不决，那么这时候你可以通过言语来暗示：“这样畏首畏尾的不是你以前的表现啊！”当你给他戴上应该具备优点的帽子时，由于给他一个良好印象的“定位”，因而，他会在言语中意识到自己的不足。在这一过程里，你已经操纵了他的心理，并引导他走进了你的“布局”，最终他会为此而奋斗，从而改变自己的一些缺点。假如你直接对他说：“你这个人真笨，什么事情都做不好。”这样会伤害对方的自尊心，也会伤了彼此的和气。

那么，如何运用一些不伤和气的话来巧妙暗示对方身上的不足之处呢？

1. 委婉含蓄，巧妙暗示

委婉含蓄的语言表达是一种艺术，这样的表达方式比口无遮拦、直言不讳更能体现出自己的修养。直言不讳虽然简单明了，但容易刺伤对方的自尊心，影响到他人心理产生不愉快的情绪，继而造成和谐人际关系的破裂。而委婉含蓄的表达显得礼貌得体，使对方听起来轻松自在、心情愉快，也更容易使人接受。当你通过语言暗示给对方的时候，实际上已经操控了其心理。

2. 直言直语伤人，何不绕个弯

每个人的心理都是极其微妙的，间接比直接更能产生有效的影响效果。一针见血地指出对方的缺点，尽管你的出发点是好的，但直言直语的杀伤力却是很强的，很容易就让别人下不来台。如果你绕个弯，用言语暗示的方式来提醒

对方，这样的效果远比直言直语更令人满意。

3.使用“是的……但是……”这个句式

对别人可以先肯定后否定，学会使用“是的……但是……”句式。比如，一位职工在象棋大赛中得了冠军，但在技术考核成绩却不理想，车间主任找他谈话时说：“是的，你象棋比赛得了第一，使我们车间也感到光荣。但是，如果你在学技术中也同样有股钻劲和拼搏精神，技术考核成绩也会领先的，这就两全其美了。”对方在听到夸奖时产生了愉悦的心情，这意味着他已经“掉”入了你布好的局，而你也成功地影响了他的心理。

4.永远不说“你错了”

大多数人都具有武断、嫉妒、猜忌、傲慢等缺点，所以我们难以向别人承认自己错了，事实上，每个人都有固执己见的毛病。如果对方真的错了，你想让他意识到自己的错误，也应该回避“你错了”或类似的词语。比如，当你直言不讳地指出“你错了”的时候，会给对方心理造成伤害，这也是自己不想看到的情景。

暗语传递信息，令对方知趣

语言暗示，也就是不明说，而用含蓄的语言使人领会。当我们为了某种目的，在无对抗的条件下，通过交往中的语言，用含蓄、间接的方式表达出一定的信息，使对方接受自己的意见或观点。在日常交际中的一些场合，许多话都不便于直说，这时可以利用言语暗示来传递一些信息，暗示所采取的方式可以是含蓄的语言，但只要对方能够明白你所表达的意思，那么操控他人心理的目的就达到了。通过大量事实证明，暗示比直言快语更能凸显出表达效果，因为它所表现出来的婉转曲折，总是给人以愉快的心情。

从前，有个酒店老板，脾气非常暴躁。一天，有个客人来喝酒，才喝了一口，嘴里便叫："好酸！好酸！"老板听后大怒，不由分说，把客人绑起来，吊在屋梁上。这时来了另一位顾客，问老板为什么吊人，老板回答："我店的酒明明香醇甜美，这家伙硬说是酸的，你说该不该吊人？"来客说："可不可以让我尝尝？"老板殷勤地给他端了一杯酒，客人呷了一口，酸得皱眉眯眼，对老板说："你放下这个人，把我吊起来吧。"

这位客人通过言语暗示出强烈的讽刺，这样的表达方式既显得委婉含蓄，又显得十分艺术。在很多时候，我们会对他人的行为或者语言感到不满，而语言暗示恰好能够得体礼貌地表达出自己的想法。

1952 年，正在苏联访问的美国总统尼克松将去苏联其他城市访问。苏共总书记勃列日涅夫到莫斯科机场送行。正在这时，飞机出现故障，一个引擎怎么也发动不起来，机场地勤人员马上进行紧急检修，尼克松一行只得推迟登机。勃列日涅夫远远看着，眉头却越皱越紧。为了掩饰自己的窘境，他故作轻松地说："总统先生，真对不起，耽误了你的时间！"一面说着，一面指着飞机场上忙碌的人群问："你看，我应该怎样处分他们？""不，"尼克松说，"应该提升！要不是他们在起飞前发现故障，飞机一旦升空，那该多么可怕啊！"

尼克松话语里暗含讽刺、挖苦、指责，但这些却是以异常夸张的话语表达出来的，而勃列日涅夫听了只能苦笑，什么也说不出来。虽然尼克松表达了自己的"厌恶之情"，但却没有说什么难听的话，若直接回击反而显得自己"神经过敏"。

在日常生活中，很多时候我们都无法直接表达自己的想法，这时候就需要暗示来表达，于是就出现了一语双关、含沙射影、指桑骂槐等旁敲侧击的艺术性语言。既然可以用暗示的语言来表达自己的厌恶，当然，我们也同样可以用暗示的语言来表达喜欢。

1．含蓄表达爱情

通过话语暗示来表达爱情，这可以使话语本身具有一定的弹性，不至于对

方一拒绝就没有挽回的余地，而且，这也符合恋爱时的羞怯心理。据说陈毅和张茜是一对情爱甚笃的革命情侣，陈毅为了暗示自己的爱慕之情，苦心经营了一首诗“小箭含胎初出岗，似是欲绽蕊露黄。娇艳高雅世难觅，万紫千红妒幽香”。而张茜从这首诗中领悟了陈毅的深情，最终两人确定了恋爱关系。

2. 委婉表达讥讽之意

在日常交际中，直接辱骂别人，听者当然很容易就能听出来。但如果对方是利用暗示语言来侮辱人，我们就更应该注意了，这时不仅要善于听出别人的恶意，还应该“以其人之道还治其人之身”。比如，安徒生戴了一顶破帽子，过路人取笑：“你脑袋上边那个玩意是什么？能算是帽子吗？”安徒生随即回道：“你帽子下面那个玩意是什么？能算是脑袋吗？”

3. 暗示拒绝

有的人喜欢用暗示来投石问路，这时你也可以用暗示来拒绝对方。比如，面对老乡的借宿的请求，李先生这样暗示拒绝：“城里比不了咱们乡下，住房可紧了。就拿我来说吧，这么小的屋子居然住着三代人……你们大老远地来看我，不该留你们在我家好好地住上几天吗？可是没有办法啊！”老乡只好知趣地走了。

4. 暗示自己的不满

有时候，面对他人的错误，我们也最好以双关影射之言来暗示他，迫使对方意识到自己的错误。比如，顾客发现汤里有一只苍蝇，巧妙暗示老板：“对不起，请您告诉我，我该怎样对这只苍蝇的侵权行为进行起诉呢？”

巧用话语暗示，消除他人的疑虑

在日常交际中，由于我们的一些话语或者行为，有可能会使对方心中充满

疑虑，这时候如果不及时打消对方的疑虑，交流就无法继续进行下去。当然，我们可以通过言语暗示把自己的想法传递给对方，使对方能够打消心中的疑虑。一般而言，每个人对于自己心中的想法有保密的冲动，他们不希望自己的心思被别人看穿。鉴于对方这样一种心理，即便我们猜中了对方正在焦虑的事情，也不能直接说出来，而是巧用话语暗示，正所谓“曲径能通幽”。

李娜小姐因公出差，在火车上与一位男士坐在了一起。火车开了没多久，男士就主动打招呼，李娜觉得自己一个人挺闷，于是就和他攀谈了起来。两人就一些话题聊了起来，可是，聊着聊着，那位男士竟然将话题一转，冒然发问：“你结婚了吗？”李娜顿时心生厌恶，迟迟不回答，男士见李娜突然变得不高兴，显得有点不知所措。为了打消男士心中的疑虑，李娜解释说：“先生，我听人说过这样的话‘对男人不能问收入’，所以刚才我并没有问你的收入；‘对女人不能问婚否’，所以你这个问题我不能回答了。请你谅解。”那位男士听李娜这样一说，尴尬地笑了笑，就不再说话了。

面对男士的唐突问题，如果李娜保持沉默，就会显得不太礼貌。为了打消对方心中的疑虑，也为了给对方一个台阶下，李娜巧妙用语言暗示出自己拒绝回答问题的真实原因，同时，这也使男士意识到自己言语的失礼之处。

在日常交际中，我们该如何巧妙运用话语暗示来达到自己的目的呢？

1．巧妙引用第三方的话

销售员在向顾客推销的过程中，当他说自己的产品是如何如何好的时候，对方通常都会怀疑他所说的话以及其产品质量。这时候，不妨换一种方式来说这件事情，就可以大大消除顾客的疑虑。巧妙引用第三方的话，向对方说出产品的评价，这就是打消顾客疑虑的好方法。比如，你可以这样说“我的邻居已经用了三四年了，仍然好好的”。言语中暗示出产品质量绝对能过关，虽然邻居并不在旁边，但这已经有效地打消了对方心中的疑虑。

2．暗示对方的疑虑是没有必要的

针对客户李先生的“保险是骗人的勾当”这样的观点，王小姐解释了物价

改革的必要性以及影响当前物价的各种因素，还进一步分析了保险带来的利益："即使物价会有所上涨，有保险总比没有保险好。而且我们公司早已考虑了这些因素，顾客的保险金是有利息的。当然！我这么年轻在您面前讲这些，实在有点班门弄斧，还望您多多指教……"通过语言暗示对方的疑虑是没有必要的，影响他人的心理变化，达到说服他人的目的。

3. 通过比较来暗示

销售员在推销产品的过程中，可以把退款保障期定为竞争对手的两倍，立即凸显出自己的"竞争力"。比如，"产品在销售之后 28 天内，若发现质量问题，我们承诺百分之百全额退款，而一般的产品退款保障期只有 14 天……"通过比较暗示出自己的优势特点，从而来打消对方心中的疑虑。

"弦外之音"让对方领会你的深意

在日常交际中，对于一些难以启齿的需求，我们无法直接开口说出来，而是需要借助含蓄的语言才能达到表达的目的。很多时候，我们不得不向他人提出自己的所需所求，有可能是对方没有意识到的尴尬问题，也有可能是求人办事，这时候含蓄的表达效果远远高于直截了当。含蓄表达是从侧面切入，暗中点明自己要表达的意思，换句话说，就是把话说在明处，含义却藏在话的暗处。在正常交际中，我们要善于用含蓄的语言来表达自己的需求，传递出话语的"弦外之音"。

王伟到总经理家请求帮忙，经理夫人热情接待了，也很有礼貌地端茶递水。可是，王伟办完了正事之后竟然开始高谈阔论起来。眼看天色已经很晚了，孩子也要早点休息，可王伟还显得意犹未尽。于是，经理夫人收拾了一下家务，到房间对丈夫说："小王这么晚来找你，你快点给他想个办法，别让他总是这

样等着。”又对小王说：“您再喝杯茶吧。”一时之间，王伟领会了夫人的话，很知趣地告辞了。

天色越来越晚，经理夫人想要休息了，但王伟还在继续高谈阔论，出于礼貌，夫人不可能直接说“今天已经很晚了，我们都要休息了，你还是早点回去吧”。于是，夫人通过含蓄的表达暗示了自己的真实需求。看似表面上是帮王伟倒茶，实际上却传递了另外一个信息，这种因情因势的表达，语言得体，又达到了自己的目的。

纪伯伦曾经说：“如果你想了解一个人，不是去听他说出的话，而是去听他没有说出的话。”一般情况下，我们都不会轻易地把自己真实的意见或者想法直接说出来,但这些感情或意见却总会在我们的语言表达里表现得清清楚楚。所以，在沟通的过程中，我们不仅需要听得出别人的“弦外之音”，而且还要善于去传递自己的“言外之意”。

战国时期，楚国发兵攻打齐国，齐威王决定派能言善辩的淳先生去赵国求救。他让淳先生驾上马车十辆，装上黄金一百两，淳先生见了放声大笑，连系帽子的带子都笑断了。齐威王就问：“先生是嫌这些东西少吗？”淳先生说：“我怎么敢嫌少呢？”“那你刚才笑什么呀？”齐威王又问道。淳先生这才停住了笑声，说道：“大王息怒，今天我从东面来时，看见有个农民在田里求田神赐给他一个丰收年，他拿着一只猪蹄和一坛子美酒，祈祷说‘田神啊田神，请你保佑我五谷成熟，米粮满仓吧！’他的祭品那么少，而想得到的却是那么多，我刚才想到了他，所以禁不住想笑。”齐威王领悟了他的隐语，马上给他黄金一千两、车马一百辆、白璧十对。最后，淳先生出使了赵国，搬来了十万精兵。

淳先生通过讲述自己经历的一件事情，暗示齐威王“拿很少的东西，却想得到更多的帮助”，并且暗示这样造成的结果肯定是求救失败。在整个谈话过程中，淳先生并没有直接表达自己的想法，而是处处用隐语作巧妙暗示，这样既没有拂了齐威王的面子，又达到了自己成功进谏的目的。

毫无疑问，在交际中我们是需要“言外之意”的，因为在很多时候，说话不能太直白、太明了。比如，给上司提意见的时候，不能表现得比上司还强；批评对方的不足之处，不能伤害他人的自尊。

那么，如何含蓄地表达，才能让对方领会隐藏在话语中的真实需求呢？

1.通过说话方式传达自己的需求

在日常交际中，我们通常都会把自己的真实情感隐藏起来，但事实上在我们的言谈中却时刻流露出“蛛丝马迹”。这时，说话方式便是一个透露给对方内心所想的“窗口”，我们的说话方式不一样，所反映出的真实需求也不同，注意自己的说话方式，便能够把自己的真实需求传递给对方。比如，对他人表示心怀不满或者有敌意时，我们的说话速度就变得迟缓，而且显得比较木讷。

2.说话的表情

有的人对自己的喜怒哀乐从不掩饰，有的人习惯于不动声色地掩饰自己的情绪，所以，我们在与别人交谈的时候，要学会用表情来传递自己的真实需求，比如面对同事的诉说，你表示“我当然也很关心”，但脸上却分明显得很漠然，传递着“谁有空来管这件事啊”，对方也会领会到你不耐烦的情绪。

3.巧妙穿插“暗语”

我们的表述方式与表述习惯会传递出某些信息，这样你可以在言语中穿插一些暗语，“我会试着把这件事安排在工作进度中”，你所传递给对方的信息就是“我早就安排好了，你怎么不早一点告诉我呢”。

用言语引导对方的思路

语言是我们用来表达、交流思想的工具，我们在传递信息、抒发胸臆、交流感情的时候，几乎总是通过语言行为去完成的。于是，在我们运用语言进行

交际的过程中，可以根据自己的意图、语言的环境以及其他各方面的因素，使用藏而不露的话语，也就是俗称的“暗语”。虽然，在一般情况下，我们并没有办法去操控他人的想法、语言以及行为，对方的心理变化完全是在我们控制之外。但是，暗语却可以巧妙达到操控他人心理的目的，比如通过藏而不露的语言给予对方一定的心理暗示，引导对方按自己的思路走。

在美国经济大萧条时期，17 岁的莉莎好不容易找到一份在高级珠宝店当售货员的工作。在圣诞节的前一天，店里来了一位 30 岁左右的贫民顾客。他衣着破烂不堪，一脸的悲哀和愤怒。莉莎要去接电话，一不小心，把一个碟子碰翻，六枚精美绝伦的钻石戒指落在地上，她慌忙捡起其中的五枚，但第六枚怎么也找不着。这时，她看到了那个 30 岁左右的男子正向门口走去，顿时，她醒悟到了戒指在哪里。

当男子的手将要触及门柄时，莉莎柔声叫道：“对不起，先生！”那男子转过身来，两人相视无言，足足有一分钟。“什么事？”他问，他脸上的肌肉在抽搐。“什么事？”他再次问道。

“先生，我是头回工作，现在找个事做很难，是不是？”莉莎神色黯然地说。男子长久地审视着她，终于，一丝柔和的微笑浮现在他脸上。“是的，的确如此，”他回答说，“但是我能肯定，你在这里会干得不错。”停了一下，他向前一步，把手伸给她：“我可以为您祝福吗？”莉莎立刻也伸出手，两只手紧紧地握在一起，她用低低的但十分柔和的声音说：“也祝您好运！”他转过身，慢慢走向门口。莉莎目送着他的身影消失在门外，转身走向柜台，把手中握着的第六枚戒指放回原处。

本来是一起盗窃案，但莉莎却巧妙利用暗示的含蓄方式达到了自己的目的。“对不起，先生！”莉莎首先用了礼貌用语，向对方传递了友好的信息，如果口气过重就有可能造成男子逃跑。同时，莉莎也传达了两层言外之意：你有偷盗戒指的嫌疑；你放心，我不会用粗暴的方式对待你。“我是头回工作”，暗示我和你也一样“同是天涯沦落人”，借以引起情感上的共鸣；“现在找个

事儿做很难”，言外之意是你把这枚戒指拿走，我可就丢了工作；“是不是”，通过非疑问句，借以男子进一步思考，同时扩大了暗示效果。在整个沟通过程中，莉莎都是在通过语言暗示，引导男子按自己的思路走，最终说服了男子，也达到了自己的目的。

有一次，秦王和中期发生了争论，结果中期赢了，而秦王却输了。中期若无其事、大摇大摆地走出了皇宫。秦王大怒，暴跳如雷，决心要把中期杀掉，以解心头大恨。这时，在秦王身边有个和中期要好的人对秦王说：“中期这个人实在是个暴徒，一点也不懂规矩。他幸好遇到大王这样贤明的君主才能活命。如果遇到桀纣那样的暴君，早就没命了！”秦王一听，也就不好再加罪于中期了。

中期简单的几句话，却暗示了几个含义，其中既有对中期的指责，又暗示了若杀中期就是暴君，相反的意思就是不杀中期就是贤君，如此引导秦王这样一想，也就不好再对中期下手了。

1.传递友好信息

在刚开始的交谈中，我们有必要通过语言暗示出自己的真诚与友好，比如“您好”等，这样对方才会愿意听你说话，而你才能够顺利引导对方的思路。

2.站在对方的角度

在叙述事情的过程中，需要站在对方的角度上，先认同对方的观点，博取了他的信任，再把自己的意见传递给对方，这样他更容易接受，也更容易朝着你的思路去想。比如“正如你所说的那样，他一点也不懂规矩，幸好遇到你这样的老板，否则早就被炒鱿鱼了”。

3.“我和你一样”

在交谈中，没有什么比“我和你一样”更能引起对方情感上的共鸣了。当对方认为与你是情感相通的时候，他对你已经消除了戒备心理，甚至愿意被你说服，同时，你也操控了其心理。

结合实际让话语清晰明了

在很多时候，我们会有一些难以言说的话，或者不便于表达的想法，这时候我们可以借助于讲故事或者举例子，婉转地表达出自己的想法和建议，让对方明白自己的用意。无论是讲故事，还是举例子，我们都是通过一些事例来传达自己的观点。如果直接说出自己的意见或想法，对方有可能会拒绝接受，这就需要具有隐晦性而又有代表性的事例来加以表达，一方面可以省去了直接表达带来的弊端，另一方面还可以增强一定的说服力，同时，这样的表达方式也更容易让对方接受，继而影响到对方的心理。

战国时代，齐国有一个名叫淳于髡的人。他的口才很好，也很会说话。他常常用一些有趣的隐语，来规劝君主，君王不但不生气，而且乐于接受。当时齐国的齐威王，本来是一个很有才智的君主，但是，在他即位以后，却沉迷于酒色，不管国家大事，每日只知饮酒作乐，而把一切正事都交给大臣去办理，自己则不闻不问。因此，政治不上轨道，官吏们贪污失职，再加上各国的诸侯也都趁机来侵犯，使得齐国濒临灭亡的边缘。

虽然，齐国的一些爱国之人都很担心，但是，却都因为畏惧齐王，所以没有人敢出来劝谏。有一天，淳于髡见到了齐威王，就对他说："大王，为臣有一个谜语想请您猜一猜：某国有只大鸟，住在大王的宫廷中，已经整整三年了，可是他既不振翅飞翔，也不发声鸣叫，只是毫无目的地蜷伏着，大王您猜，这是一只什么鸟呢？"齐威王本是一个聪明人，一听就知道淳于髡是在讽刺自己像那只大鸟一样，身为一国之尊，却毫无作为，只知道享乐。而他实在也不是一个昏庸的君王，于是沉吟了一会儿之后便毅然地决定要改过，振作起来，做一番轰轰烈烈的事，因此他对淳于髡说："嗯，这一只大鸟，你不知道，它不飞则已，一飞就会冲到天上去，它不鸣则已，一鸣就会惊动众人，你慢慢等着瞧吧！"

淳于髡所引用的“隐语”实际上就是讲故事或者举例子，把自己劝谏的内容通过隐晦的方式传达给君王，这样一种进谏方式无疑会受到君王的喜欢。而且，齐威王本人也是一个非常有智慧的人，他很喜欢听隐语，虽然他不喜欢听别人的劝告，但淳于髡这样婉转的劝告却让他愉快地接受了。在一番言语之中，齐威王接纳了淳于髡的劝告，意味着他的心理受到了影响。

自古以来，那些颇具智慧的大臣在向君王进谏的时候，都会采用这样的表达方式。比如，在《邹忌讽齐王纳谏》中，邹忌并没有直接说出自己的建议，而是通过举例子来表达自己的想法“臣诚知不如徐公美。臣之妻私臣，臣之妾畏臣，臣之客欲有求于臣，皆以美于徐公。今齐地方千里，百二十城，宫妇左右莫不私王，朝廷之臣莫不畏王，四境之内莫不有求于王：由此观之，王之蔽甚矣”。

所以，我们在交谈过程中，若是遇到不好说的话或者不好表达的意见，也可以巧妙地通过讲故事、举例子来传达给对方，让他明白自己的用意。

1.选择代表性的故事或例子

在谈话中讲故事或者举例子，都可以起到使谈话内容具体、增强说服力的作用。但是，我们在选择故事或例子的时候，需要注意其代表性。如果你讲了一个很长的故事，但却因为不具备代表性而使对方不知所云，这样就无法达到沟通的效果。

2.注意故事或例子的适当性

当我们在讲故事或举例子的时候，还需要注意其的适当性，不能老是在谈话中讲故事、举例子。偶尔在谈话中穿插一个故事或例子，这样让人觉得很新鲜，但经常使用也会使人心生厌烦的。

3.注意表达的隐晦性

当我们在选择讲故事或者举例子的时候，肯定是想避免直接表达带来的弊端。因此，即便是在讲故事，或者举例子，我们也要适当注意表达的

隐晦性，不能直白地在故事中阐明自己的想法。我们所需要表达的想法和意见，完全可以借助于故事或例子去作婉转表达，这样才能更好地影响对方的心理。

参考文献

[1] 吴琦 . 聊天是门技术活：化偶遇为机遇的聊天术 [M]. 北京：人民邮电出版社，2014.

[2] 郑洪升 . 聊天 [M] . 天津：天津人民出版社，2016.

[3] 金文 . 特别会聊天 [M] . 哈尔滨：北方文艺出版社，2017.

[4] 阮琦 . 魔鬼聊天术 [M] . 北京：北京联合出版有限公司，2017.